金融经济基础理论与创新发展研究

潘向亚　赵翠红　文元章　著

延边大学出版社

图书在版编目（CIP）数据

金融经济基础理论与创新发展研究 / 潘向亚，赵翠红，文元章著. -- 延吉：延边大学出版社，2023.9
ISBN 978-7-230-05473-7

Ⅰ. ①金… Ⅱ. ①潘… ②赵… ③文… Ⅲ. ①金融学—研究 Ⅳ. ①F830

中国国家版本馆CIP数据核字(2023)第175186号

金融经济基础理论与创新发展研究

著　　者：潘向亚　赵翠红　文元章
责任编辑：耿亚龙
封面设计：文合文化
出版发行：延边大学出版社
社　　址：吉林省延吉市公园路977号　　　邮　　编：133002
网　　址：http://www.ydcbs.com　　　E-mail：ydcbs@ydcbs.com
电　　话：0433-2732435　　　传　　真：0433-2732434
印　　刷：三河市嵩川印刷有限公司
开　　本：787×1092　1/16
印　　张：9.75
字　　数：200 千字
版　　次：2023 年 9 月 第 1 版
印　　次：2024 年 1 月 第 1 次印刷
书　　号：ISBN 978-7-230-05473-7

定价：65.00元

前　言

在今天的经济生活中，居民都离不开货币以及由货币引起的金融活动。然而，金融的产生则完全有赖于实体经济的发展。人类社会最初处于以实物交换为特征的自然经济时期，然后发展到以货币交换为特征的商品经济时期，再由简单的商品经济时期发展到以大工业和银行为基础的货币经济时期，目前又处于传统的货币经济时期向金融经济时期转化的过程之中。

金融经济是市场经济的一个重要内容，而为了确保金融经济的稳定发展，就需要对传统的金融模式进行改革与创新，建立与现阶段经济发展水平相适应的全新金融体系，不断满足社会经济发展对金融服务的需求。近年来，我国金融经济与信息科技不断融合，尤其在电子支付方面出现了很多新内容。央行和监管部门也相应采取了一些新的措施，特别是央行的试运行，推动我国金融经济不断趋向电子化，深刻改变大众生活方式，给经济社会各个方面带来了深刻影响，也给金融领域带来了前所未有的变革。基于此，本书围绕金融经济基础理论与创新发展展开深入研究。

全书共七章，第一章讲述了金融体系治理与组织，第二章论述了金融经济的基础，第三章阐述了金融与经济发展，第四章探讨了金融经济风险管理，第五章分析了数字时代金融业务推动金融经济创新，第六章讨论了金融经济科技，第七章介绍了金融经济创新发展。

本书在编写过程中，为了确保研究内容的丰富性和多样性，参考、查阅和整理了大量文献资料，在此对学界前辈、同仁和所有为此书编写工作提供帮助的人员致以衷心的感谢。由于编者能力有限，编写时间较为仓促，书中如存在不足之处，衷心敬请广大读者给予批评和指教！

笔者

2023 年 6 月

目　录

第一章　金融体系治理与组织 ... 1
第一节　金融体系概述 ... 1
第二节　金融体系治理 ... 15
第三节　金融组织体系 ... 18

第二章　金融经济的基础：微观经济学 ... 22
第一节　微观经济学的基本概念 ... 22
第二节　微观经济学的研究方法 ... 34
第三节　微观经济学的发展历程及发展趋势 ... 36

第三章　金融与经济发展 ... 40
第一节　金融发展与经济增长 ... 40
第二节　金融压抑与经济增长 ... 44
第三节　金融自由化与经济增长 ... 49

第四章　金融经济风险管理 ... 59
第一节　金融体系主要风险概念及类别划分 ... 59
第二节　金融机构及企业风险管理 ... 71
第三节　金融经济风险的起因及防范的策略 ... 83

第五章 数字时代金融业务推动金融经济创新 89

第一节 商业银行金融创新概述 89
第二节 中国商业银行金融创新的动因、现状与效应分析 94
第三节 商业银行金融创新的对策 103

第六章 金融经济科技：相互赋能中不断革新 109

第一节 数字经济下金融领域的变革 109
第二节 数字科技服务金融：人、信息、场景的全方位变革 117
第三节 现代金融经济发展对企业的影响 125
第四节 金融经济管理中信息化的应用与实现途径 131

第七章 金融经济创新发展 139

第一节 我国金融经济创新发展的意义和途径 139
第二节 金融经济创新发展的影响因素及解决对策 142
第三节 互联网技术推动金融经济创新 147

参考文献 150

第一章 金融体系治理与组织

第一节 金融体系概述

金融体系是一个经济体中资金流动的基本框架,它是资金流动的工具(金融资产)、市场参与者(中介机构)和交易方式(市场)等各金融要素构成的综合体,同时,由于金融活动具有很强的外部性,在一定程度上可以视为准公共产品。

因此,政府的管制框架也是金融体系中一个密不可分的组成部分。

在现实中,世界各国具有不同的金融体系,很难应用一个相对统一的模式进行概括。一个极端是德国,几家大银行起支配作用,金融市场很不重要;另一个极端是美国,金融市场作用很大,而银行的集中程度很小。在这两个极端之间是其他一些国家,例如日本、法国传统上是以银行为主的体制,但是近年来金融市场发展很快,而且作用越来越大;加拿大与英国的金融市场比德国发达,但是银行部门的集中程度高于美国。

从一般性意义上看,一个金融体系包括几个相互关联的组成部分:第一,金融部门(各种金融机构、市场,它们为经济中的非金融部门提供金融服务);第二,融资模式与公司治理(居民、企业、政府的融资行为以及基本融资工具,协调公司参与者各方利益的组织框架);第三,监管体制。金融体系不是这些部分的简单相加,而是其相互适应与协调形成的结果。

因此,不同金融体系之间的区别,不仅是其构成部分之间的差别,而且是它们相互协调关系之间的差别。

一、金融体系的基本内容

金融体系包括金融调控体系、金融企业体系、金融监管体系、金融市场体系、金融环境体系五个方面。

（一）金融调控体系

金融调控体系既是国家宏观调控体系的组成部分，包括货币政策与财政政策的配合、保持币值稳定和总量平衡、健全传导机制、做好统计监测工作、提高调控水平等；也是金融宏观调控机制，包括利率市场化、利率形成机制、汇率形成机制、资本项目可兑换、支付清算系统、金融市场（货币、资本、保险）的有机结合等。

（二）金融企业体系

金融企业体系既包括商业银行、证券公司、保险公司、信托投资公司等现代金融企业，也包括中央银行、国有商业银行上市、政策性银行、金融资产管理公司、中小金融机构的重组改革、各种所有制金融企业发展、农村信用社等。

（三）金融监管体系

金融监管体系（金融监管体制）包括健全金融风险监控、预警和处置机制，实行市场退出制度，增强监管信息透明度，接受社会监督，处理好监管与支持金融创新的关系，建立监管协调机制等。

（四）金融市场体系

金融市场体系（资本市场）包括扩大直接融资，建立多层次资本市场体系，完善资本市场结构，丰富资本市场产品，推进风险投资和创业板市场建设，拓展债券市场、扩大公司债券发行规模，发展机构投资者，完善交易、登记和结算体系，稳步发展期货市场。

（五）金融环境体系

金融环境体系包括建立健全现代产权制度、完善公司法人治理结构、建设全国统一市场、建立健全社会信用体系、转变政府经济管理职能、深化投资体制改革。

二、金融体系的类型

由于现实中不同国家的金融制度差异较大，因此很多研究认为，目前世界上存在着不同的金融体系。一是以美国、英国为代表的市场主导型金融体系，二是以德国、法国、日本为代表的银行主导型金融体系。

在美国，银行资产对 GDP 的比重为 53%，只有德国的三分之一；相反，美国的股票市值对 GDP 的比重为 82%，大约比德国高三倍。因此，美国、英国的金融体系常常被称为"市场主导型"，而德国、法国、日本的金融体系则被称为"银行主导型"。

三、金融体系的基本框架

按我国金融机构的地位和功能进行划分，主要金融体系如下：

（一）中央银行

中国人民银行是我国的中央银行，1948 年 12 月 1 日成立。中国人民银行在国务院的领导下制定和执行货币政策，防范和化解金融风险，维护金融稳定，提供金融服务，加强外汇管理，支持地方经济发展。

中国人民银行与中国银行的主要区别为：中国人民银行是政府的银行、银行的银行、发行的银行，不办理具体存贷款业务；中国银行则承担与工商银行、农业银行、建设银行等国有商业银行相同的职责。

（二）金融监管机构

我国金融监管机构主要有：中国证券监督管理委员会，简称中国证监会，1992 年

10 月成立，依法对证券、期货业实施监督管理；国家金融监督管理总局，2023 年 3 月在中国银行保险监督管理委员会的基础上组建而成，统一负责除证券业之外的金融业监管，强化机构监管、行为监管、功能监管、穿透式监管、持续监管，统筹负责金融消费者权益保护，加强风险管理和防范处置，依法查处违法违规行为，作为国务院直属机构。

（三）国家外汇管理局

国家外汇管理局成立于 1979 年 3 月 13 日，当时由中国人民银行代管；1993 年 4 月，根据中华人民共和国第八届全国人民代表大会第一次会议批准的国务院机构改革方案和《国务院关于部委管理的国家局设置及其有关问题的通知》，国家外汇管理局为中国人民银行管理的国家局，是依法进行外汇管理的行政机构。

（四）国有重点金融机构监事会

国有重点金融机构监事会由国务院派出，对国务院负责，代表国家对国有重点金融机构的资产质量及国有资产的保值增值状况实施监督。

（五）政策性金融机构

政策性金融机构是由政府发起并出资成立，为贯彻和配合政府特定的经济政策和意图而进行融资和信用活动的机构。我国的政策性金融机构包括三家政策性银行：国家开发银行、中国进出口银行和中国农业发展银行。政策性银行不以盈利为目的，其业务的开展受国家经济政策的约束并接受中国人民银行的指导。

（六）商业性金融机构

我国的商业性金融机构包括银行业金融机构、证券机构和保险机构三大类。

银行业金融机构包括商业银行、信用合作机构和非银行金融机构。商业银行是指以吸收存款、发放贷款和从事中间业务为主的营利性机构，主要包括国有商业银行（中国工商银行、中国农业银行、中国银行、中国建设银行等）、股份制商业银行（中信银行、中国光大银行、华夏银行、中国民生银行、广东发展银行、深圳发展银行、招商银行、兴业银行、上海浦东发展银行、恒丰银行等）、城市商业银行、农村商业银行以及住房储蓄银行、外资银行和中外合资银行。信用合作机构包括城市信用社及农村信用社。非银行金融机构主要包括金融资产管理公司、信托投资公司、财务公司、租赁公司等。

证券机构是指为证券市场参与者（如融资者、投资者）提供中介服务的机构，包括证券公司、证券交易所、证券登记结算公司、证券投资咨询公司、基金管理公司等。这里所说的证券主要是指经政府有关部门批准发行和流通的股票、债券、投资基金、存托凭证等有价凭证，通过证券这种载体形式进行直接融资可以实现投资和融资的有机结合，也可以有效节约融资费用。

保险机构是指专门经营保险业务的机构，包括国有保险公司、股份制保险公司和在华从事保险业务的外资保险分公司及中外合资保险公司。

四、金融体系的基本功能

（一）清算和支付功能

在经济货币化日益加深的情况下，建立一个有效、适应性强的交易和支付系统乃基本需要。可靠的交易和支付系统应是金融系统的基础设施，缺乏这一系统，高昂的交易成本必然与经济低效率相伴。一个有效的支付系统对于社会交易是一个必要条件。发达的交易系统，可以降低社会交易成本，可以促进社会专业化的发展，这是社会化大生产发展的必要条件，可以大大提高生产效率和技术进步。所以说，现代支付系统与现代经济增长是相伴而生的。

（二）融资功能

金融体系的融资功能是动员储蓄和提供流动性手段。金融市场和银行中介可以有效地动员全社会的储蓄资源或优化金融资源的配置，这就使初始投入的有效技术得以迅速地转化为生产力。在促进各方更有效地利用投资机会的同时，金融中介也可以向社会储蓄者提供相对高的回报。金融中介动员储蓄的最主要的优势在于：一是它可以分散个别投资项目的风险，二是可以为投资者提供相对较高的回报（相对于耐用消费品等实物资产）。金融系统动员储蓄可以为分散的社会资源提供一种聚集功能，从而发挥资源的规模效应。金融系统提供的流动性服务，有效地解决了长期投资的资本来源问题，为长期项目投资和企业股权融资提供了可能，同时为技术进步和风险投资创造出资金供给的渠道。

（三）股权细化功能

将无法分割的大型投资项目划分为小额股份，以便中小投资者能够参与这些大型项目的投资。通过股权细化功能，金融体系实现了对经理的监视和对公司的控制。在现代市场经济中，公司组织发生了很大的变化，表现为股权高度分散化和公司经营职业化。这样的组织安排最大的困难在于非对称信息的存在，使投资者难以对资本运用进行有效的监督。金融系统的功能在于提供一种新的机制，就是通过外部放款人的作用对公司进行严格的监督，从而使内部投资人的利益得到保护。

（四）资源配置功能

为投资筹集充足的资源是经济起飞的必要条件。但投资效率，即资源的配置效率对增长同样重要。对投资的配置有其自身的困难，即生产率风险、项目回报的信息不完全、对经营者实际能力的不可知等。这些内在的困难要求建立一个金融中介机构。在现代不确定的社会，单个的投资者是很难对公司、对经理、对市场条件进行评估的。金融系统的优势在于为投资者提供中介服务，并且提供一种与投资者共担风险的机制，使社会资本的投资配置更有效率。中介性金融机构提供的投资服务可以表现在：一是分散风险；二是流动性风险管理；三是进行项目评估。

（五）风险管理功能

金融体系的风险管理功能要求金融体系为中长期资本投资的不确定性即风险进行交易和定价，形成风险共担的机制。由于存在信息不对称和交易成本，金融系统和金融机构的作用就是对风险进行交易、分散和转移。如果社会风险不能找到一种交易、转移和抵补的机制，社会经济的运行不可能顺利进行。

（六）激励功能

在经济运行中激励问题之所以存在，不仅是因为相互交往的经济个体的目标或利益不一致，而且是因为各经济个体的目标或利益的实现受到其他个体行为或其所掌握的信息的影响。即影响某经济个体的利益的因素并不全部在该主体的控制之下，比如现代企业中所有权和控制权的分离就产生了激励问题。解决激励问题的方法很多，具体方法要受到经济体制和经济环境的影响。金融体系所提供的解决激励问题的方法是股票或者股票期权。通过让企业的管理者以及员工持有股票或者股票期权，企业的效益也会影响管理者以及员工的利益，从而使管理者和员工尽力提高企业的绩效，他们的行为不再与所有者的利益相悖，这样就解决了委托代理问题。

（七）信息提供功能

金融体系的信息提供功能意味着在金融市场上，不仅投资者可以获取各种投资品种的价格以及影响这些价格的因素的信息，而且筹资者也能获取不同的融资方式的成本的信息，管理部门能够获取金融交易是否在正常进行、各种规则是否得到遵守的信息，从而使金融体系的不同参与者都能做出各自的决策。

五、金融体系必备能力

（一）稳定能力

一个稳定的金融系统才具有竞争力，才能应对各种潜在威胁，化解金融风险，保障金融安全，才能保持货币稳定，没有过度通货膨胀或通货紧缩、过度扭曲性融资安排和过度金融泡沫，因此金融体系应该具备稳定能力。金融体系不稳定的代价是非常严重的。首先，定价体系的紊乱会扰乱实体经济领域的交易秩序，破坏正常的生产活动；其次，社会信用会受到影响，融资活动难以正常进行，从而影响投资进而影响经济的增长；最后，不稳定的金融体系使人们产生不确定的预期，极易导致具有巨大破坏力的集体行动，对正常的经济活动产生强大的冲击力。因而金融保持自身的稳定对整体经济的稳定意义重大。金融稳定要求定价体系能够正常运转，币值、利率、汇率、股价等价格指标保持稳定；要求金融体系具备危机预警指标体系和识别、转移、控制、分散风险的机制，能够应对各种意料之外的突发事件的冲击，化解风险，解除危机；要求金融体系具有约束微观金融机构进入金融市场、开展各项经营活动的规章制度以及保证它们能够被遵守的机制；要求金融体系建立对其进行宏观监管的机构、监管规则和监管手段。

（二）适应能力

金融体系是在特定的经济环境中实现其各项功能的，金融体系必须适应其赖以存在的经济环境，同时经济环境处在不断变化之中，金融体系也必须同步变化，即应该具备适应能力。金融体系的适应能力即一国的金融发展应该放在强调金融体系基本功能正常发挥的制度建设和协调发展上，而不是脱离金融体系的基本功能去看重市场外部结构的发展和规模的扩充上，否则，忽视金融功能谈金融发展就有可能造成金融资源的严重浪费和扭曲。另外，需要指出的是，金融体系的活动存在外部性：偏重某一金融功能的发挥，有时可能会放大它的负面效应，比如为了提高金融体系的价格发现功能，市场的整合与利率和汇率的市场化是必要的，但是这些做法会增加市场风险，如果金融体系的风险防范和分散功能还不到位，那么这种不平衡的发展就会导致宏观经济的不稳定，最终会反过来遏制金融体系的价格发现功能的正常发挥。一个能保证金融发展和实体经济之间良性的互动关系的金融体系，绝对不是单纯地在规模和数量上追求最好的投、融资制度和金融工具的集合，而应该是能够平衡好各种利益冲突、效果冲突，在此基础上能够有效地发挥金融体系六大基本功能，从而推动实体经济持续稳定增长的一种最优化的动态体系。

（三）经营能力

金融体系必须通过自身的经营活动实现其各项功能，除了初期必需的投入以外，它不能依赖于政府或任何个人的连续不断的资金投入，这样的金融体系才能够长期存在并不断发展，即金融体系必须具有经营能力。金融机构的经营能力是指金融机构利用经济资源实现经营目标的程度。由于经济主体的多元性，导致了经营目标的多元化，经营绩效是多元化目标的综合反映，是经营能力强弱的反映。金融机构通过向社会提供负债工具、信贷资产使用权、股票、债券等金融服务或者工具来达到经营目的。金融机构必须依靠自身的能力来履行其各项职能，而不能依靠不断的外部资源投入，因而经营能力是金融机构得以生存的必要条件，是它能够不断发展的基础。

（四）配置能力

为了发挥在时空上实现经济资源转移提供渠道的功能和融通资金和股权细化功能，金融体系必须能够对金融资产进行定价，能够将非流动性资产变成流动性资产，并且能够对资产进行最优的配置,因此金融体系必须具有配置能力。金融资源配置效率是指市场以最低交易成本为资金需求者提供金融资源的能力,换句话说,是将有限的金融资源配置给效益最好的企业和行业的能力。金融中介的资金配置作用主要来自其信息优势。在政府主导型的融资制度下,银行与企业从理论上说应关系密切,特别是日本、韩国等国主银行制度的建立,对银行和企业之间的信息流通是非常有利的,银行可以充分利用这一信息优势选择好的项目并对项目的履行进行有效监督,实现较高的资金配置效率。提高资金配置效率,除了可以利用金融中介的信息优势外,还可以通过合同安排降低资金配置所需要的信息量来实现。信息不对称所引起的逆向选择和道德风险是影响资金配置效率的主要因素。当提高企业自有资金比例或增加抵押、担保后,可以减少甚至消除逆向选择和道德风险,从而减少甚至取消银行提供贷款时对信息的需求,即信息与自有资金、抵押、担保之间存在着互补关系。金融体系通过银行、证券、保险等多种渠道将资金从储蓄领域高效地引至投资领域,并发挥金融系统的监督功能,促使资金在实体经济领域的良性循环,实现资源的优化配置。

（五）传导能力

各国都将金融体系作为对经济进行宏观调控、传导政策意图的途径,金融体系必须具有传导能力,才能实现这种用途。金融体系是政府影响实体经济部门、促进经济增长的重要渠道。它之所以天然地能够承担起这一传导政策意图的职能,是因为它同时与经济部门有着千丝万缕的联系,并且具有操作方便、容易测量、能够控制的特点。政策措施通过金融体系的传导一般需要经过以下三个层次:第一层是货币政策对金融体系影响的传导链,第二层是金融体系对实体经济部门影响的传导链;第三层是实体经济的各部门对经济增长的贡献链。金融体系传导政策意图的能力可以通过传导的及时性、完整性、准确性来加以衡量。政府的政策措施只有被及时传导才会产生良好效果,否则这种政策措施在变化后的环境中发挥作用可能会适得其反。完整性是指政府的所有政策意图都要能够被传导至经济活动中,而不能遗漏其中的一些内容,否则可能达不到预期的政策效果。准确性是指依照政策制定者所设计的方式来加以传导,从而使得这些政策能够按照政策制定者预期的方式发挥作用。

（六）流动能力

流动性是指，由于金融体系的作用，资源可以更充分地流动。资源的充分流动对经济运行的好处是显而易见的，它使得处于闲置状态的资源能被投入运用，使得运用效率低的资源流向更有效率的用途。金融体系的流动能力具有两个方面的含义：一是它将固定的、不流动的资产变现为流动资产的能力；二是流动性资产在不同投资者之间流转的能力。如何衡量金融体系的流动性呢？一是当全部有效资金供应都流向了需求方，全部有效需求都得到了满足，不存在闲置资金，也不存在未满足的有效资金需求时，货币资金的供求就达到了最佳的均衡状态；二是配置在各种用途上的资源的边际价值达到均等，使资源配置处于最佳状态。

（七）定价能力

市场经济遵循等价交换的原则，金融市场上的交易也不例外。金融交易中的定价不仅要考虑金融产品的内在价值，同时要考虑其风险价值。在金融市场上，金融产品的价格可以通过较公开的竞价方式形成，通过这种竞价过程，金融市场能够在迅速平衡金融产品的供给和需求的同时，为金融产品形成统一的市场价格。基于此，金融市场才能够有效地指导增量金融资源的积累与存量资源的调整。因此，金融体系对金融资产准确定价是配置资源和消化风险的前提。

（八）创新能力

金融体系是在特定的经济环境中存在并发挥作用的，没有也不可能存在能够脱离经济环境而独立存在的金融体系。由于社会分工的不断深化、国际经济联系的进一步加强、技术手段和知识在经济发展中得到越来越多的应用、市场交易的方式日益增多，现代经济环境正在变得越来越复杂。与此相应，现代经济中所蕴藏的风险也越来越复杂。因此在经济中发挥枢纽作用的金融体系必须具有随经济环境变化而变化的能力，只有如此它才能够正常行使其所承担的各项职能，才能满足经济发展对金融体系提出的各项要求。金融体系的创新与经济环境的变迁是互动的。一个僵化的金融体系只会使得经济运行受到阻碍，从而制约经济的进一步发展。

（九）信息能力

金融体系传导信息的功能特别重要，正是由于金融体系发挥了这一功能，市场才真正被连接到一起。与单个投资者对代理人所管理的企业的独立监督相比，投资者联合起来组成联盟，由联盟派出代表进行监督成本更低。这个联盟可以是金融中介，也可以是金融市场。金融中介在监督企业方面存在比较优势，而金融市场在信息获取和汇总方面存在比较优势。金融市场特别是股票市场的一个重要功能就是信息的及时快速传播。因为股票市场上的交易价格是快速变动而且公开的，而作为有效市场，股票价格包含大量的公司信息。加上股票市场的信息披露，所以股票市场成为信息最完全、传播最快的市场。尽管如此，股票市场信息仍然可能是不完全的，因而存在套利机会。那些通过非公开渠道获得公司信息的投资者，就能够在信息广泛传播之前通过证券买卖获得利润。

六、金融体系的基本作用

在对金融体系产生影响的因素中，交易成本和信息不对称起着非常重要的作用。金融体系的几大功能都与这两个因素有关。

交易成本指金融交易中所花费的时间和金钱，是影响金融体系功能效率的主要因素。对个人来说，发放贷款的交易成本是非常高的。为了保护自己的资金，在发放贷款前需要调查项目、调查借款人的信用水平，聘请专门的法律人员设计完备的借款合同等。高额交易成本的存在成为资金在借、贷双方流动的阻碍。银行等金融中介机构在解决这个问题上存在较大的优势。他们具有规模经济效应，因此可以节约交易成本。金融中介从个人和企业聚集资金再将其贷放出去，由于形成了规模经济，金融中介可以减少交易成本。

信息不对称在交易之前会造成逆向选择问题，在交易之后会导致道德风险问题。如果想在贷款市场上尽量减少逆向选择问题，贷款者就需要从不良贷款的风险中识别好的项目。道德风险的存在降低了还款的可能性，使贷款者的预期收益降低，从而降低了他们提供贷款的愿望。股东和经理人之间也存在这个问题。股东期望公司实现利润的最大化从而增加其所有者权益。而实际上，经理人的目标常常与股东的目标有所偏差。由于公司的股东人数众多且比较分散，无法对经理人进行有效的监控，经理人掌握私人信息，股东无法避免经理人隐藏信息，实施对自己有利而对股东不利的行为。

金融中介在解决信息不对称带来的道德风险和逆向选择问题时，也显示出了自身的优势。由于其在生产公司信息方面是专家，因此在某种程度上可以分辨信贷风险的高低。银行等金融中介从存款者那里获得资金，再将其贷给好的公司，这就保证了银行的收益。贷款发放以后，银行代表存款者对项目进行监督。一旦银行与企业签订长期贷款合同，那么其对企业的监控成本要比直接去企业监督的成本低。金融中介机构的作用是"代理监督"，可以在一定程度上解决债务人和债权人之间的委托—代理问题。当然，银行并不能完全解决信息不对称所带来的问题。银行掌握信息的优势是相对于存款者来说的，而借款者拥有的有关自身情况、项目性质等的信息是最多的。因此银行也常常面临道德风险和逆向选择问题，银行的不良资产就说明了这一点。

证券市场，特别是股票市场的相关制度安排与机制会降低代理成本，部分解决存在于资本分配中的道德风险和逆向选择问题。而且，股票市场的发展也有利于对公司的控制。所有者会将公司在股票市场上的表现与经理人员的报酬结合起来，从而有效地将经理人员与所有者的利益联系起来。同时，流动性会使金融资产的交易成本和不确定性降低。一些高回报的项目要求长期资本，但储蓄者不可能将其储蓄押在长期投资上，因此，如果金融体系不能增加长期投资的流动性，长期项目的投资就会不足。

由此可见，利用银行融资和利用资本市场融资的主要差别集中在解决交易成本以及信息不对称所带来的道德风险、逆向选择问题上。银行在降低交易成本方面比证券市场更有优势；在信息不对称的条件下，银行解决委托—代理问题的能力也强于证券市场。这也正好可以解释为什么人们一度认为银行导向型金融体系比市场导向型金融体系更有利于经济的发展。然而，近20年来，市场导向型金融体系的国家，特别是美国出现了持续的经济高涨，而银行导向型金融体系的国家相对而言竞争力明显减弱。不仅如此，银行导向型金融体系的国家还在大力发展市场机制，出现了向市场导向型金融体系融合的趋势。其中技术进步所起的作用是不容忽视的。

七、金融体系的科技影响

（一）技术进步带来的变化

20世纪70年代以来，国际金融市场上最显著的三个变化是：资产证券化、网上交易和金融市场国际化。计算机技术的进步是这些变化的重要物质基础。

1. 资产证券化

证券化是将非流动性金融资产转变为可交易的资本市场工具。金融机构发现他们可以将多种形式的债务组合绑在一起，集合利息和本金，再将其卖给第三方。计算机技术使得金融机构可以为市场的特殊需求量身定做有价证券，集合抵押债务就是例子。计算机化使集合抵押债务可以划分为几级。每级根据不同的风险等级获取不同的收益。

2. 计算机技术是网上交易的关键

网上交易可以使大宗的股票及其他有价证券买卖通过网络进行，大大节省了交易成本。同时它还打破了参与交易者在地理上的局限性，使得交易者无论身处何地都可以即时参与交易。虽然网络安全问题仍然存在，但证券市场的网上交易与其他类型的电子商务一样都被认为是有着广阔前景的发展方向。

3. 计算机和先进的电子通信技术还是金融市场国际化的重要动力

技术的进步使得交易者可以在全球传递股票价格和即时信息。交易者可以不受市场营业时间的限制，国际交流的低成本使对外投资更为容易了。证券市场的电子化开始于1971年，美国全国证券交易商协会自动报价表成为世界上第一个电子化证券市场。在欧洲，证券市场电子化进程从1986年开始。英国建立了最新的"证券交易所自动报价系统"，实现了一天24小时的全球证券交易。

（二）技术进步对金融体系的影响

上述变化使金融体系也相应发生了改变，包括：

1. 债务市场规模更大，越来越多的债务工具开始可交易了

信息技术的进步减小了金融市场中的信息不对称，减轻了逆向选择和道德风险问题，使得不透明的资产变成了信息充分的有价证券，交易成本也下降了。交易成本的下降增加了这类债务的供给并提升了它们的流动性，债务市场因此发展起来。而这种债务

已经不仅仅以银行贷款的形式出现，它通常作为新兴的金融产品在证券市场上进行交易，如 CMO（collateralized mortgage obligations，担保抵押契约）债券等。

  2.衍生品市场发展起来，企业交易的市场风险成本降低

衍生品市场在 20 世纪 70 年代出现。20 世纪 80 年代，柜台交易衍生品市场迅速发展。它们是应供求两方面的需要而出现的。20 世纪 70 年代宏观经济动荡，与此相关的汇率和利率也不稳定，这提高了企业对更好地管理系统风险的需要。供给方面，金融理论的发展使得金融机构可以以较低的成本在这些市场上运作，特别是金融工程学为资本定价和风险管理提供了理论依据。

  3.支付体系向电子体系发展，减少了家庭对将其财富投资于银行存款的需求

过去，大量的零售支付由支票来完成。自动取款机这种技术在 20 世纪 70 年代就已经出现，在 1988—1998 年之间，自动取款机的数量翻了一番，交易额增加了两倍。同时，信用卡和借记卡在 20 世纪 90 年代也迅速发展起来。

技术进步对金融体系的影响是通过对交易成本和信息不对称问题的解决而实现的。它对交易成本的影响在于：计算机的出现以及便宜的数据传输导致了交易成本的锐减，通过增加交易的数量，以及让金融机构以低成本提供新的产品和服务，使得金融体系的效率更高。计算机和通信技术可以合称信息技术。它对金融市场信息对称产生了深远的影响。投资者可以更容易地识别不良贷款的风险，或去监督企业，从而减少逆向选择和道德风险问题。结果是，发行可交易证券的障碍减少，从而鼓励了发行。由此导致的必然结果是人们对银行的依赖程度降低，银行在金融体系中的重要性被削弱。与此同时，证券市场在解决以上两个问题时相对于银行的劣势在很大程度上也得到了弥补，而在流动性上的优势得以发挥，其重要性也日益凸显出来。由此，银行主导型金融体系表现出向市场主导型金融体系融合的趋势。

第二节 金融体系治理

当前,全球正经历新一轮科技革命与产业变革,互联网与经济社会的深度融合已成时代潮流。在技术进步与金融发展的双重驱动下,我国互联网金融在呈现快速发展态势的同时,也暴露出一些亟待解决的问题。对此,必须充分认识到,互联网没有改变金融功能属性和风险属性,互联网和金融的融合发展必须遵循经济活动的基本规律,坚守不发生系统性和区域性金融风险的底线。构建行之有效的互联网金融风险治理体系,促进互联网金融行业规范健康发展,是当前深化金融改革亟待深入研究并加快实施的重大议题。

一、构建互联网金融风险治理体系的重要意义

金融业是一个与财富打交道的特殊行业,同时也是一个充满诱惑的行业,风险与生俱来、无处不在,防范风险是金融业的永恒主题。在互联网时代,尤其是移动互联网的条件下,这个主题不但不会改变,而且更具挑战性。构建互联网金融风险治理体系具有重要的战略和现实意义。

构建互联网金融风险治理体系是推进国家金融治理体系和治理能力现代化的应有之义。金融是现代经济的核心,是资源配置的枢纽。近年来,大数据、云计算、移动互联等技术不断取得突破,促进了互联网与金融快速融合,为现代金融体系注入了新活力,为金融业转型升级增加了新动力,同时也对国家金融治理体系和治理能力提出了新挑战。作为一项新生事物,互联网金融还有许多需要探索的领域和内容,但究其本质,它还是金融,其活动没有脱出资金融通、信用创造、风险管理的范畴,没有违背风险收益相匹配的客观规律,也没有改变金融风险隐蔽性、突发性、传染性和负外部性的特征。不仅如此,现代网络空间的多维开放性和多向互动性,使得互联网金融风险的波及面、扩散速度、外溢效应等影响都远超出传统金融。从当前我国互联网金融领域反映出来的情况看,某些业态偏离正确创新方向,风险事件接连发生,使整个行业的形象和消费者信心受到了较大冲击。互联网金融风险治理客观上已成为当前金融业改革发展和国家金融治理体系的一个薄弱环节。加快构建互联网金融风险治理体系,有助于降低金融风险

与技术风险的叠加效应，引导互联网金融走入"依法合规、趋利避害、风险可控、规范发展"的良性轨道。

构建互联网金融风险治理体系是遵循金融业发展规律的客观要求。纵观世界金融发展史，由于金融内生的脆弱性和外部规制的滞后性等原因，每一轮重大金融创新在诞生之初都伴随着风险的快速积累甚至引发金融危机的过程。比如，纸币取代了金属货币，扩大了通货膨胀的范围；股票交易的出现，催生了资产泡沫的形成。21世纪初，欧美资产证券化领域的过度创新和风险管理滞后以及所隐藏的道德危机引发了国际金融危机。从金融业"抑制—创新—风险—规制"的动态循环演进可以看出，风险治理与金融创新并不矛盾，两者之间必须形成适度均衡的关系。互联网金融在现代业务模式、服务理念、技术产品等方面的创新，为金融体系的市场化、普惠化发展带来了新鲜元素，展现了巨大的市场空间和发展潜力，但这并不意味着互联网金融发展可以没有边界、创新可以没有规则、业务可以没有规矩。加快构建互联网金融风险治理体系，有助于明确业务边界和创新规则，将符合客观规律和实际需求的创新和违背客观规律的创新、合理合规的创新和脱离理性的创新、立足服务实体的创新和脱实向虚的创新区分开来。

构建互联网金融风险治理体系是维护人民群众切身利益的现实需要。随着改革开放以来我国经济的平稳较快发展，社会财富不断积累，居民资产多元化配置的需求日益强烈、持续增加。而近年来网络借贷、网络资产管理等新兴业态凭借其互联网平台效应和集聚效应，快速成为公众投资理财的重要渠道。然而，在当前我国经济下行压力较大，去产能、去杠杆等结构性调整持续深入，实体企业生产经营困难增多的形势下，互联网金融面临的宏观经济形势和经营环境更加复杂多变。部分动机不纯的从业机构，利用互联网虚拟性、涉众性和跨地域性特点从事非法集资活动，网络借贷、网络资产管理等成为非法集资甚至诈骗活动的高发领域和风险点。一些运作不规范、风控措施安排薄弱的互联网金融产品甚至出现兑付问题，卷款跑路事件时有发生。为此，加快构建互联网金融风险治理体系，有助于打击互联网金融领域违法违规活动，扭转风险事件频发、劣币驱逐良币的行业乱象，使互联网金融在规范中谋求更好的发展，在发展中实现规范有序，切实维护广大人民群众的切身利益。

二、构建互联网金融风险治理体系的基本原则

构建互联网金融风险治理体系,应按照推进国家金融治理体系和治理能力现代化的总体方向,凝聚政府、市场、社会等多方行动力量,准确把握互联网金融风险实质与特征,完善互联网金融各项政策措施和体制机制,实现各环节、各领域风险全覆盖,促进行业规范有序发展。

(一)明确分类,精准发力

互联网金融风险复杂性、多样性、交叉性特征较为明显,从宏微观各个层面对各类风险进行准确定性是构建风险治理体系的重要前提。要对信用风险、流动性风险、合规风险、操作风险等传统金融风险在互联网金融不同业态中的具体表现和内在成因进行系统梳理。对具有相同属性和风险实质的金融业务,要依据其行为或功能,统一监管规则、业务标准和风控要求。例如,针对信用风险,要明确准入标准和经营准则;针对流动性风险,要建立流动性监测体系和风险应急预案,提出审慎监管要求;针对合规风险,要明确法律法规,统一业务行为边界;针对操作风险,要完善业务权限管理和操作指引。要深入研究互联网与金融结合所带来的长尾风险、技术风险、信息安全风险、网络安全风险等新生风险的特点,采取信息披露、产品登记等针对性措施予以防范与化解。同时,要建立工作机制,密切跟踪互联网金融创新行为,评估其风险特征,及时对相关监管规则、行业标准和政策措施进行适应性调整。

(二)综合施策,全面覆盖

互联网金融业态众多、模式各异、创新速度快,通过采取多元化、综合化措施,实现对互联网金融各环节、各领域风险全覆盖是构建风险治理体系的基本目标。要针对准入、交易、退出等互联网金融业务各个环节,将资金流和信息流全面纳入风险监测体系,防止资金和信息脱离监管视野实现"体外循环"。要综合采取信息披露、资金存管、反不正当竞争、信用评级等措施,打好"组合拳",破解"综合题",提高风险治理的有效性。要针对部分复杂、跨界业务实施穿透式核查和全流程监管,按照"实质重于形式"的原则,根据业务功能、法律属性、风险实质明确监管规则和风控要求,不留空白和套利空间。

（三）立足当前，重在长效

风险治理体系必须把握好化解当前风险与建立长效机制的关系。一方面，当前构建风险治理体系的核心任务是切实防范和化解互联网金融领域存在的风险隐患，扭转某些业态跑偏局面，遏制风险事件频发高发势头。另一方面，构建风险治理体系还要着眼于长远，总结提炼经验，以问题和风险为导向，将长效机制建设贯穿风险治理全过程，着力解决互联网金融领域暴露出的监管体制不适应、自律惩戒机制不到位、行业基础设施薄弱、生态环境不完善等问题。

（四）多方参与，共治共享

互联网金融跨地域性强、涉及面广、参与主体众多，构建风险治理体系是一项复杂的系统工程，要把无形之手和有形之手有机结合，既要坚持发挥市场在资源配置中的决定性作用，通过行业自律和社会监督实现扶优限劣，也要发挥政府作用，通过监管和法律手段及时把害群之马绳之以法。同时，还要把握好中央与地方的关系，要在中央和地方金融监管职责和风险处置责任的总体框架下，明确各领域风险治理的主体责任，强调跨部门、跨地域的协调配合，避免出现治理空白和工作缺位。

第三节 金融组织体系

金融组织体系是指在一定的社会经济及金融制度下，由国家法律形式确定的银行体系和非银行金融机构的组织结构，以及各类金融机构在整个金融体系中的地位、职能和相互关系。金融组织体系的作用：一是以发展间接信用机构为主体，指银行等，二是开拓了直接信用机构，包括信托投资公司、金融公司、金融租赁公司等作为补充。

一、金融组织体系的特点

(一) 金融机构种类和数量增加较快

改革开放以后,我国逐步强化金融机构在国民经济运行中的地位,进一步发挥金融在国民经济中的地位和作用,同时按照机构设置原则,根据经济发展的需要,批准建立了大量金融机构。从业务活动范围来看,这些金融机构有政策性银行和商业银行,以及非银行金融机构。从所有制形式看,这些金融机构既有国有金融机构,又有股份制、合作金融组织及外资金融机构。从区域性看,这些金融机构有全国性的金融机构,又有区域性的金融机构。从融资形式看,这些金融机构既有间接融资机构,还有直接融资机构。保险组织体系也不断发展。

(二) 中央银行宏观调控能力不断加强

金融管理从过去以行政管理为主,逐步过渡到以经济手段、法律手段为主。中央银行逐步改革货币政策工具,运用以间接调控为主的货币政策工具,增强调控能力,从以贷款限额为主过渡到运用多种货币政策工具控制货币供应量,实行资产负债比例管理,推进公开市场业务操作,运用再贴现、准备金、利率等各项工具建立、健全金融法律体系。

(三) 金融机构经营机制不断改善

在实施改革开放政策以前,我国金融机构实行的是垄断经营和政企合一的管理制度,权、责、利脱节。1979年以后,各金融机构逐步实行独立核算、自主经营,逐步向企业化经营方向迈进。

二、金融组织体系的作用

直接信用机构从事经营信托投资业务,它接受筹资者和投资者双方的委托,根据双方所提供条件,从中撮合他们直接办理资金借贷。这种信用机构的优点,一是资金供需双方直接结合,投资者可以获得比银行储蓄存款高的利息,而筹资者只支出比银行放款低的利息，双方均有利可图；二是这种信用组织体系，既打破了国家银行对金融业的垄断，又打破了专业银行对金融业的垄断，这就为金融业开展竞争创造条件，迫使专业银行不得不提高经营水平，实行企业化管理；三是直接信用机构承担着中初级证券发行市场的职能，并且代理企事业单位发行、承销有价证券，保持证券的正常发行和流通，保持证券价格的稳定和信用可靠，即保证发行证券者能按期偿还本息。

三、完善金融组织体系，增加金融有效供给的方法

要鼓励发展更多的金融机构和金融业态，填补空白，增加竞争，改进服务，切实提高小微企业金融服务的可获得性和便利性，降低融资成本。

（一）加强地方法人金融机构建设

要大力发展以小微企业为主要服务对象的地方法人金融机构，优化金融资源区域布局，通过政策激励和考核约束，引导金融机构主动对接小微企业。高度关注民间借贷风险问题，疏堵结合，给民间借贷合法身份，使其阳光化、规范化发展，纳入有效监管范围。继续深化农村信用社产权改革，建立现代企业制度，扩大农村信用社在基层的金融支持力度。大力支持在小微企业集中的地区设立村镇银行、贷款公司等小型金融机构。积极探索由民间资本发起设立的民营银行、金融租赁公司和消费金融公司等金融机构，丰富小微企业金融服务机构种类。

（二）重构融资性担保体系

要降低小微企业融资成本，必须重构融资担保体系，把融资性担保公司作为政府扶持小微企业、不以盈利为目的的增信机构，缓解小微企业质押品不足的难题。各级政府可结合自身情况，组建省级担保集团，控股或参股各县（市、区）政府性担保公司，提升融资担保的能力。目前，湖北省绝大多数县（市、区）都拥有一家政府参股控股、注册资本金一亿元以上的担保公司，同时积极探索建立政府主导的省级再担保公司，推动银行与担保机构扩大合作范围，不断提高担保放大倍数，督促和引导政府性担保公司回归公益，大力推行小额贷款保证保险，引入保险机构为小微企业贷款保驾护航。

（三）推动中介组织服务小微企业

探索发展专门服务区域性股权市场的小型证券机构，积极发展服务小微企业的评级机构，大力发展财务、法律、管理咨询、营销策划等企业服务类中介组织。鼓励各类中介组织结合小微企业特点，开发保姆式的服务项目，提供价廉物美的咨询服务。政府部门可向中介机构购买服务，为小微企业提供融资策划、财税代理、法律体检等方面的专业服务，节省小微企业经营成本。

总之，小微企业是经济的基础和活力所在，扶持小微企业的发展是包括政府在内的全社会共同的责任，也是国民经济固本培元之举。要从思想上认识发展到行动上高度重视，多措并举，形成体系化、制度化的安排，那么，小微企业融资难、融资贵问题一定能够得到化解。

第二章 金融经济的基础：微观经济学

第一节 微观经济学的基本概念

人是经济活动的主体，经济学对这个主体有着具体的含义。经济活动离不开市场，市场也离不开经济活动，市场实质上是指经济活动的发生。商品是经济主体进行交易的对象，商品的价值通过商品空间上的价值函数来表达，价值函数是讨论的中心问题。这里没有提出货币理论，商品的价值概念是抽象的，仅用一个实数来表达。

一、经济人

微观经济学是研究稀缺资源有效配置的理论，不过用现代观点来看，它更像是一门行为科学。更恰当地说，人是经济活动的主体，微观经济学就是研究人的经济行为的科学。当然，研究人的行为的理论不止经济学一种。不过，经济学对于人的行为的研究不同于其他行为科学，经济学假定了经济人都是具有理性的。正是理性人假设，才使得经济学能够运用数学方法加以研究，并把数学工具用得得心应手。

（一）经济人是经济活动的主体

经济学中所说的人是经济人，是发生经济活动的社会基本单位。他可以是一个人、一个家庭、一个集团或者一个组织，具有独立的决策机构或中心，这个机构或中心决定和指挥着一切经济活动。因此，经济人是经济活动的主体。

经济人概念的关键，在于经济人能够独立决策。例如一个企业是一个经济人，企业具有领导核心机构（如董事会、董事长、总经理），这个机构决定和指挥着企业的一切经济活动。企业雇用的工人不是企业经济人，因为他决定不了企业的经济活动。但工人是劳动活动的主体，他有权决定自己是否向企业提供劳动，因而工人作为劳动者一方是劳动经济人。

人们的经济行为既有职业性的一面，又有私人性的一面。大多数情况下，职业性的经济行为发生在企业的生产经营活动之中；私人性的经济行为则出现在家庭事务以及为满足需要而进行的商品消费活动之中。区分这两类不同经济行为和它们发生的组织或机构，对于建立理论是有用的和便利的。我们把发生职业性经济行为的经济人，叫作生产者或企业或厂商。生产者从事的经济活动称为生产活动。发生私人性经济活动的经济人，叫作消费者。消费者从事的经济活动称为消费活动。

生产活动与消费活动是完全不同的，但生产者与消费者却不能完全区别开来。一个经济人可能既是生产者，同时又是一个消费者。例如一个工厂是一个生产者，它要进行产品的生产与销售活动；另一方面，它又是一个消费者，它有对生产要素如机器、原材料及人力劳动等的需求。每个劳动者都既是生产者，又是消费者，他不但要从事生产活动，也同时要从事消费活动。搞清楚经济人的两面性，对于理解以后要建立的理论是有好处的。

（二）经济人是理性人

经济学假定人是具有理性的，即经济人是理性人。疯子、傻子不能算作经济人，因为这种人没有理性。所谓理性人，对于消费者来说是指，消费者具有一个很好定义的偏好或效用函数，消费者在一定约束条件下能够最大化自己的效用；对于生产者来说，在面临一定约束的情况下能够最大化自己的利润。总之，理性人总是在条件允许的范围内追求利益最大化。

需要注意的是，理性人与自私自利的人有所不同。理性人可能是利己主义者，也可能是利他主义者。理性人具有利己的一面，因为他具有个人利益，追求个人安乐。但同时也具有利他的一面，会为他人考虑，服从社会与客观环境的条件约束，遵纪守法，不以侵害他人利益来满足自己利益为追求目标。理性人总是会以经济有效的方式来使用现有资源和要素，安排他的活动，以实现他的利益目标。

在追求利益最大化的过程中，理性人之间可能发生相互合作。而合作中又存在着相互冲突或矛盾，理性人发明了各种各样的制度来规范他们的行为。价格制度，或者说市场机制，就是为了实现合作的潜在利益和解决合作中的矛盾冲突而发明的一种最重要的制度。传统的新古典经济学就是以价格制度为研究对象的，故又称为价格理论，它有两个基本假定：一是假定市场是竞争性的，也即市场上有大量的交易双方；二是假定每个市场参与者掌握的信息都是完全的。这就刻画了一种理想的价格制度——任何个人都无法对市场价格施加影响，每个市场参与者只能听从价格的召唤，依据价格行事。我们称这种价格制度为"背对背"的交易制度。

为什么说这种价格制度是实现合作的潜在利益和解决合作中的矛盾冲突的重要制度呢？经济学家对此做了深刻的研究。首先，这种价格制度下经济所达到的结果能够让每个市场参与者都实现个人利益最大化。其次，这种价格制度下的交易结果等同于"面对面"的交易结果。实际上，市场参与者在交易过程中会叫价拍卖，讨价还价，即交易是"面对面"地进行的。但是在竞争性市场上，由于市场参与者数不胜数，任何个人交易量都只是整个市场交易量的微不足道的一部分，因而最终形成的那种对每个参与者都有利的交易结果实际上等同于依据价格行事的"背对背"交易结果（这就是经济核心等价定理所表述的事实）。最后，合作中的矛盾冲突通过帕累托改进得到有效解决，从而实现了全社会的福利最大化。基于这么三个方面的原因，价格制度是达到合作和解决矛盾冲突的有效途径。

然而，现实中的市场符合不了传统的新古典经济学对市场的基本假定，即现实市场是不完全竞争市场。在这样的市场中，理性人之间的行为相互影响，相互作用。理性人在决策时要考虑其他人的反应，所以理性人的行动实际上是一种博弈。另外，理性人掌握的信息是不完全的，信息不对称问题存在。这种不完全的信息，使得价格制度往往不是实现合作和解决冲突的最有效途径，政府对经济活动予以调控可能会更加有效地促进合作和解决合作中的矛盾冲突问题。

二、市场结构

市场是经济运行的心脏。现代经济社会里，消费者成千上万，其需要也千差万别。尽管没有人具体统计过所有的需要，也没有人具体指导各种商品该生产多少，该向何处供应，但供需一般不致造成很大混乱。促使现代经济有秩序地运转的机制就是市场。

（一）市场概念

我们对"市场"一词并不陌生，日常生活中我们天天要同市场打交道。买菜要去蔬菜市场，买衣服要进百货商场，等等。那么，究竟什么是市场呢？或许有人会说，市场就是商品买卖的地方。不错，买卖商品的地方确实是市场，如买肉的地方是肉市场，买粮食的地方是粮食市场。但是，进一步仔细观察就会发现，商品的买卖活动不见得要在某个固定或特定地方或场所进行，它可以分散在许多不同的地方。比方说，同样的布匹可以在许多不同的百货商店进行销售。现代发达的科学技术，使得交易活动能够更便利地通过各种渠道进行，如通过电话、电视、广播、报纸、网络等来做广告宣传或交易联系等。由此可见，交易活动的场所并不是市场的特征。

但是，任何市场都离不开买者、卖者以及他们之间的交易活动，缺少其中任何一个，市场都无法形成。三者并存才能使交易活动得以进行，从而才能形成市场。因此，买卖双方及其交易才是构成市场的基本要素。经济学最关心的是交易活动如何影响和决定商品的价格。按照这个意义，我们可对"市场"作出这样的定义：市场是影响商品价格的所有买者和卖者，这些买卖双方频繁地进行交换活动，使相同商品的价格趋于一致。经济学家马歇尔（Alfred Marshall）早就认识到了这一点，他说："一个市场是一个区域，在那里买者和卖者彼此相互交往非常紧密，市场的价格在全区域内趋于一致。"

（二）市场分类

1.按外围分

从市场的外围上看，每个市场都有一定的买卖双方组成范围。这个范围越大，相应的市场也就越大。一般来说，按照市场的组成范围，可把市场分为地方市场、国内市场和国际市场。地方市场是仅由某一个地方的买者和卖者的交易活动所决定的市场；国内市场是指由一国的买者和卖者共同决定的市场；国际市场是指由多个国家的买者和卖者构成的市场。

按照市场参与者的人数多少，我们还可把市场分为有限市场与无限市场。有限市场是指买者和卖者的总个数是有限的。无限市场是一种理论上的抽象市场，表示市场上买者和卖者无限多。

2.按内部结构分

按照市场的内部组织结构，我们可把市场分为完全市场与不完全市场。完全市场是

由经济人组成的有组织的市场,同种商品最终能按同一价格进行销售。完全市场的形成需要具备两个条件:

一是完全的信息,二是完全依据价格行事。所谓完全的信息,是指买卖双方完全了解市场现在和未来的情况,信息不需付出任何代价即可得到。因此,完全市场中没有不确定性问题,一切都是事先可知的,至少客观概率存在。信息的畅通,使得买卖双方对市场上的任何变化都了如指掌。所谓完全依据价格行事,是说买卖双方听从价格召唤。某个销售者抬高物价,他就会失去顾客;反之,降价则会招引顾客。为了获利,卖者必然希望高价售出他的商品,而买者必然希望低价买进所需的商品。在这种频繁的买卖交易过程中,价格在不同买者与卖者之间的差别便会趋于消失。

不是完全的市场,就称为不完全市场。严格地说,实际中的市场都不具备完全市场的条件。但完全市场是现实市场的发展方向。

3.按竞争程度分

按竞争程度分,市场可分为完全竞争市场与不完全竞争市场。完全竞争市场是指这样的市场:在那里有许多买者和卖者,他们当中任何个别人都不具有影响和决定商品市场价格的力量,而只能是市场价格的接受者;他们都有充分的市场信息和商品知识;相同数量的同种商品之间是完全同质的,不存在差别;每个买者和卖者都是自由地参与或退出市场经济活动的。

不具备完全竞争性的市场,称为不完全竞争市场。不完全竞争市场又按竞争的不完全程度分为三种:垄断竞争、寡头垄断和完全垄断。

(三)完全竞争市场的特点

完全竞争市场的特点可以概述如下。

1.有大量的买者与卖者

大量的买者,其含义是说,每个个别买者的商品需求量,相对于市场上的总需求量来说,都是微不足道的,从而任何个别买者都不具有买者垄断的力量,他的需求量的增加或减少并不能影响市场的总需求;大量的卖者是指,任何一个卖者的商品供给量,都只是市场上总供给量的极小一部分,微不足道,其变化影响不了市场的总供给。

2.商品的同一性

同一数量的同种商品之间完全同质,不存在差异。这就保证了任何数量的任何商品,不论谁来购买或销售，都是完全一样的，没有差别。商品的同一性，是对大量买者与卖者的补充。二者一起共同说明个别买者与卖者的需求与供给都只是市场总需求与总供给的微不足道的一部分。

3. 自由进入或退出

卖者有自由进入和退出一个行业的自由。所谓一个行业，是指由生产同一产品的所有卖者所构成的社会部门。进入一个行业如果有障碍，则该行业中卖者数目可能少到每家卖者都具有影响市场价格的能力。退出一个行业，意味着进入另一个行业。总之，自由进入或退出，进一步补充说明了买卖双方的大量存在。

4. 生产要素的完全流动性

任何一种生产要素，都可以自由地从一个企业转移到另一个企业之中，即生产要素可以自由进入和退出一个企业。例如，工人可以自由调换工作、原料不受垄断控制等。

5. 完全的信息与知识

买卖双方完全了解市场行情，市场信息畅通，得到信息不需付出代价。这样，每个人对市场价格的变化都非常熟悉，如果有人抬高或降低物价，市场上每个人都会立即知道这一变化，人人都见机行事。

6. 价格既定

由于大量买者与卖者的存在，某个卖者抬价，顾客就会去别的卖者那里购买所需的商品；同样，他降低商品的售价，虽然可招来顾客，但因他的供给量微不足道，结果并不能因为他的商品已售完而使市场上的总需求受到影响。对于买者方面，个别买者抬高买价，招来卖者向他出售商品，但他的需求影响不了市场总需求与总供给，结果也就对市场价格产生不了影响；他压低物价，卖者就不向他出售商品。商品的市场价格既定，任何买者与卖者都只能是价格的接受者，只能根据价格行事，而无法对市场价格施加任何看得见的影响。

完全竞争市场的上述六个特点，又可概括为如下三个基本特征：

第一个特征——市场上每种商品的价格对所有买者与卖者都一致。

第二个特征——市场上商品的价格不依赖于个人的决策。

第三个特征——市场上每个买者与卖者都能感到，按照市场价格他能够买进或卖出自己所需或提供的任何数量的商品。

对于第三个特征，可以作这样的解释：由于每个买者的需求相对于市场需求来说是微不足道的，因此他会感觉到自己想买多少，市场上就有多少。同样，对于个别卖者来说，他的供给只是市场供给的微不足道的一部分，因而也会感到自己想卖多少，就能卖出去多少。

完全竞争市场明显是一种理想的市场状态，属于理论抽象。现实中的市场都不具备这些特点，因而都不是完全竞争市场，充其量接近完全竞争（比如可以认为股票市场是接近完全竞争的）。1920年以后，出现了斯拉法（Piero Sraffa）、张伯伦（E. H. Chamberlin）及琼·罗宾逊（Joan Robinson）等人对完全竞争理论的修正。尽管如此，完全竞争性仍然是经济学家分析市场的起点。只有从具体事物中进行抽象，才能了解事物变化的一般规律。过于具体，则不利于揭示复杂现象的内在本质。由于完全竞争的理论价值，完全竞争理论迄今仍是经济理论的重要组成部分，是经济分析的基础。

（四）不完全竞争市场的特点

不完全竞争市场的特点是，市场中存在着一定程度的垄断，某些个别经济人对商品的市场价格具有一定程度的影响力。按照竞争的强弱程度，不完全竞争市场分为垄断竞争市场、寡头垄断市场、完全垄断市场，完全垄断市场是与完全竞争市场完全相反的一种市场，同完全竞争一样在实际中很少见。

1.垄断竞争市场的特点

垄断竞争市场竞争程度较大，垄断程度较小，比较接近完全竞争，而且要现实得多，在大城市的零售业、手工业、印刷业中普遍存在。从总体上说，这种市场具有以下特点。

（1）厂商众多。市场上厂商数目众多，每个厂商都要在一定程度上接受市场价格，但每个厂商又都可对市场施加一定程度的影响，不完全接受市场价格。另外，厂商之间无法相互勾结来控制市场。对于消费者，情况是类似的。这样，垄断竞争市场上的经济人是市场价格的影响者。

（2）互不依存。市场上的每个经济人都自以为可以彼此相互独立行动，互不依存。一个人的决策对其他人的影响不大，不易被察觉，可以不考虑其他人的对抗行动。

（3）产品差别。同行业中不同厂商的产品互有差别，要么是质量差别，要么是功用差别，要么是非实质性差别（如包装、商标、广告等引起的印象差别），要么是销售条件差别（如地理位置、服务态度与方式的不同造成消费者愿意购买这家的产品，而不愿购买那家的产品）。产品差别是造成厂商垄断的根源，但由于同行业产品之间的差别不是大到产品完全不能相互替代，一定程度的可相互替代性又让厂商之间相互竞争，因而相互替代是厂商竞争的根源。如果要准确说出产品差别的含义，则可这样来说：在同样的价格下，如果购买者对某家厂商的产品表现出特殊的爱好，就说该厂商的产品与同行业内其他厂商的产品具有差别。

（4）进出容易。厂商进、出一个行业比较容易。这一点同完全竞争类似，厂商的规模不算很大，所需资本不是太多，进入和退出一个行业障碍不大，比较容易。

（5）可以形成产品集团。行业内部可以形成多个产品集团，即行业内生产类似商品的厂商可以形成团体，这些团体之间的产品差别程度较大，团体内部的产品之间差别程度较小。

2.寡头垄断市场的特点

所谓寡头，是指少数的卖者面对众多的买者。当市场上只有两个寡头时，称为双头垄断。寡头垄断市场在实际中也较多见，情况十分复杂，至今没有一套完整的理论。总的来说，这种市场的特点是：市场上的厂商只有少数几家，每个厂商都具有举足轻重的地位，对其产品的价格具有相当的影响力；但厂商决策时要考虑竞争对手的反应，独自不能决定价格，不是价格的制定者，更不是价格的接受者，而是价格的寻求者；诸寡头的产品之间可以完全相同，也可有差别；其他厂商进入产业相当困难，同样退出一个行业也是很不易的。

3.完全垄断市场的特点

完全垄断的含义是一个厂商面对众多的消费者。与完全竞争完全相反，完全垄断市场的特点是：行业内部只有一个厂商，厂商就是产业；厂商的产品没有替代品，因而没有竞争者；厂商独自决定产品价格，是价格的制定者；厂商可以根据市场的不同情况，实行差别价格，以赚取最大的超额利润。

三、商品空间

经济活动离不开商品，经济人的行为表现为选择一定数量的若干种商品。经济学关心的是经济活动结果，而不是经济活动具体细节。这样，经济人的行为可用商品空间来描述。

(一)商品的概念

商品是用来交换以满足人们需要的一切物品、服务及劳动。交换和满足需要,是商品的两个缺一不可的属性。交换是商品具有价值的表现,满足需要则是商品具有使用价值的表现。这两个属性决定了任何商品的取得都是要付出代价的。牛奶、面包、煤炭、电力、蔬菜、粮食、布匹等都是商品,因为它们具有商品的这两大属性。交通运输、美容美发、医疗卫生以及文化教育等服务事业都是商品,因为这些服务事业不但能满足人们的需要,而且是用于交换的,使用这些服务必须付出一定的代价或报酬。劳动是商品,而且是特殊、重要的商品,任何生产活动都离不开劳动,而且劳动是用来交换的。要使用劳动,就必须向劳动支付报酬。因此,劳动是通过交换以满足生产需要的商品,劳动者付出劳动以获取生活所需的物品或服务。劳动也具有一定的服务性质,因而我们也可把劳动归为服务这类商品。空气不是商品,尽管空气为人人所需,但人们并不用空气来进行交换。

(二)商品的区分

商品形形色色,多种多样,如何来区分各种不同的商品呢?这里介绍区分商品的四条基本原则。

1.物质原则

具体地区分一种商品,首先要从商品的物质性上考虑。商品是物质,是客观存在,不同商品的物质内容及存在形式都会不同。我们把商品的物质内容与存在形式,称为商品的物质特征。物质特征不同的商品是不同种类的商品,这就是区分商品的物质原则。

商品的外形、包装及商标等是商品的存在形式,而质量、性能、工艺及用途等是商品的物质内容。按照物质原则区分,同一数量的同种商品必须同质。如果严格细分,商品的物质特征就有无限多种,尤其是手工产品。实际中人们并不严格细分,而是定出几条标准,然后依据这些标准把商品分为有限多种。例如,人们根据面粉的精细程度,把面粉区分为标准粉和精粉两种。彩色电视机与黑白电视机虽然都能收看电视节目,但由于性能上的差异而成为不同的电视机。矿泉水与自来水的主要成分都是 H_2O,但因所含的其他矿物质的不同而成为不同的商品。大桶装的可口可乐与易拉罐装的可口可乐是不同的商品。把商品从物质特征上加以区分,这在商业竞争中是非常重要的,厂家为了在竞争中立于不败之地,竭力标榜和宣传自己产品的物质特征,如优越的性能、精细的工艺、美的享受、舒适的感觉、不同的商标等，广告宣传就是如此。

2. 时间原则

商品还要从它的存在时间上加以区分。时间的变化，会带来生产与消费环境的变化，因而在不同时间内存在的商品是不同的商品，这就是区分商品的时间原则。例如，今年的大白菜与去年的大白菜是不同的大白菜，今年大白菜的生产风调雨顺，生产费用较低，而去年则遭受了自然灾害。又如，今天因阴天雨伞销售量较大，而昨日晴空万里雨伞售不出，因此今天的雨伞不同于昨日的雨伞。对于食品之类的商品，就更重视时间性了。我们把商品存在的时间，称为商品的时间特征。

3. 区域原则

商品所处地理区域，称为商品的区域特征。商品也要从区域特征上加以区分，区域特征相同的商品可以直接进行交换，区域特征不同的商品则不能直接交换，因而要视为不同的商品。这就是区分商品的区域原则。

在交通往来不发达的地区之间，商品的直接交换不能实现，把商品从一个地区运往另一个地区，需要付出一定代价。因此，不同地区的商品应该区别对待。

随着交通运输与通信的迅速发展，商品的交换与流通渠道越来越畅通，地区差别对商品交换的阻碍越来越少，商品的区域特征趋于一致。

4. 随机原则

现实生活中，人们的经济行为往往与某些不确定或随机的因素有关，例如自然灾害对农业生产的影响是随机的，交通事故对运输的影响是随机的，天气情况对雨伞销售的影响也是随机的。我们把影响商品的随机因素，称为商品的随机特征。商品还要从随机特征上加以区分，不同随机事件发生情况下的商品，应该区别为不同的商品，这就是区分商品的随机原则。

按照上述四条原则细分商品，商品种类就有无限多种。但实际中，人们通常总是把商品的物质特征划分为有限种，时间划分为有限个时期，如以月、季、年等为计时单位，考察一定时期如 5 年、10 年或 25 年内的经济运行情况，商品所处的区域被划分为有限块。对于影响经济活动的随机因素，也只考虑有限多种，而且每种随机因素的可能取值被认为有限多个。做了这样的简化以后，所考虑的商品就只有有限多种了。

（三）经济行为与商品空间

经济活动者的行为，表现为选择一定数量的若干种商品。经济学只关心经济活动的结果，而不管经济活动的详细情节如何。例如，把消费者如何在商店里挑选商品的过程描述得淋漓尽致，对于经济学研究来说没有什么意义，经济学家关心的是消费者选择了多少商品。这样一来，经济活动者的行为可用商品空间加以描述。为了叙述上的方便，我们把所涉及的所有商品按照商品区分的四条原则分为有限多种，比如为 l 种，这里 l 是一个自然数。对每一种商品都规定一个计量单位，然后对这 l 种商品进行编号，并称商品 1、商品 2 等。商品 i 也叫第 i 种商品。

经济人的行为表现为选取一定数量的商品。如果他选择 x_1 个单位的商品 1，x_2 个单位的商品 2，……，x_l 个单位的商品 l，那么他的这种行为就可用 l 维向量 $(x_1, x_2, \cdots, x_l)$ 来表示。于是，l 维欧氏空间 R^l 成为描述经济人行为的自然框架。R^l 称为商品空间，其中的向量叫作商品向量或方案或计划。

对于消费者来说，商品向量 $(x_1, x_2, \cdots, x_l)$ 表达了这样的意义：消费者消费 x_1 个单位的商品 1，x_2 个单位的商品 2，……，x_l 个单位的商品 l。x_i 大于 0 表示商品 i 是消费者真正消费的商品；x_i 小于 0 表示商品 i 是消费者提供的商品，比方说他提供的是劳动，因而是负消费商品；x_i 等于 0 表示商品 i 是消费者既不消费也不提供的商品。

对于生产者，商品向量 $(x_1, x_2, \cdots, x_l)$ 的意义是：生产者向社会提供 x_1 个单位的商品 1，x_2 个单位的商品 2，……，x_l 个单位的商品 l。x_i 大于 0 表示商品 i 是生产者真正提供的商品；x_i 小于 0 表示商品 i 是生产者投入的商品，比方说他投入的劳动、原材料及厂房等生产要素，因而是负供给商品；x_i 等于 0 表示商品 i 是生产者既不投入也不提供的商品。

商品向量能够表达任何经济行为，因此商品空间包括了一切经济行为，是一切经济行为的集合。今后，用符号 $x, y, z, \cdots$ 来表示商品向量，$x_i, y_i, z_i, \cdots$ 表示 $x, y, z, \cdots$ 的第 i 个分量。

四、价格体系

价格是微观经济学研究的重点。要研究价格机制,需要首先研究价格的表示问题。下面将在商品空间的框架下讨论价格体系的一般表示问题。

(一) 价格的概念

商品价格是在商品交换过程中形成的。在生产力水平极端低下的原始社会,原始族落共同劳动获得的产品仅够维持自己族落成员的生存,拿不出剩余产品去交换以获得其他族落的劳动产品。到了原始社会后期,生产力水平有了很大提高,族落的劳动产品有了剩余,出现了劳动产品的交换享用。社会分工的出现,使得交换变得更加频繁。商品在交换过程中便形成了物与物之间的一定交换比例,即商品的价格。

随着经济的不断发展,商品交换越来越成为必不可少的重要经济活动。为了方便地进行交换活动,充当商品的一般等价物,即货币出现。货币的出现,使得商品价格从物与物的交换比例形式变为单位商品所能换取的货币量。这就是市场经济中商品价格的表现形式,其实质仍是物与物的交换比。如今,价格概念包含的内容很多,如正常价格、工资、津贴、薪金、租金、票价、运费等。我们的目的不是要去研究某种特定的价格,而是要对价格作出一般的表示。

(二) 价格的表示

1. 价格向量

我们首先考虑有限维经济中商品价格的表示问题。设商品空间为 R^l,用 p_i 表示一个单位商品 i 所能交换的货币量,则 p_i 表示的就是商品 i 的价格($i=1, 2, \cdots, l$)。由各种商品的价格所构成的向量 $p=(p_1, p_2, \cdots, p_l)$,称为商品的价格体系或价格向量。注意,价格向量也是空间 R^l 中的向量。

商品向量 $x=(x_1, x_2, \cdots, x_l)$ 在价格体系 p 的价值是向量 p 与向量 x 的内积 px:

$$px = p_1 \times x_1 + p_2 \times x_2 + \cdots + p_l \times x_l$$

由此可见,价格体系 p 实际上确定了商品空间 R^l 上的一个线性连续泛函,这个泛函确定了每个商品向量的价值。鉴于这个原因,今后,价格体系也可称为价格泛函。

商品价格可以为正、为负或为零。当一种商品的价格为零时,这种商品称为自由商品。价格为负的商品一般是垃圾或者有害物，例如，发达国家常常把他们的原子核垃圾以负价格出售给落后国家。可见，空间 R^l 中的任何一个向量都可以作为价格向量。正是由于这样，我们把空间 R^l 称为价格空间。我们看到，在商品为有限多种的情况下，商品空间与价格空间一致，这是有限维经济的一个重要特征。

2.价格泛函

在无限维经济中，商品空间成为拓扑向量格。在这种框架下，我们无法具体地区别不同种类的商品，因而也就无法谈论某种商品的价格问题。由于把商品作为整体看待，即消费者选择了一篮子商品，生产者提供了一篮子商品，因此价格体系也必须作为整体看待，即要确定这一篮子商品的价值，也即要确定商品向量的价值。这样，商品的价值只能通过一般商品空间上的某个线性连续泛函来表示。这就是说，无限维经济中的价格体系是一般商品空间上的线性连续泛函。

第二节　微观经济学的研究方法

经济学是一门实证科学与行为科学，微观经济学也一样，这里，不仅商品生产是人们的一种行为，商品消费也是人们的一种行为。因此，微观经济学的研究方法，就是从现实的市场经济中，抽象出单个商品生产与交换的规律性东西，然后，用这规律性东西去把握市场经济中各种商品生产与交换的运动。同时，微观经济学的研究对象是单个商品生产与交换规律，因此，微观经济学的研究，还必须从现实的市场经济中，抽象出研究对象。

然而，市场经济，表面看就是各种商品互相交换，我们知道，商品之间是不能相互比较的，因此，在研究单个商品生产与交换的规律之前，必须首先把握商品能够相互交换的本质，即价值理论是微观经济学研究的理论基础，没有科学的价值理论，我们进行微观经济学研究，就会显得力不从心。

分配价值论，是唯一科学的价值理论，因此，只有在分配价值论下，我们才能在微观经济学研究中游刃有余。

分配价值论认为：价值是社会产品的分配权力，在商品生产与交换过程中，各种因素，只要参与社会产品的分配，就能形成价值。物质财富的生产，是一个自然现象，这里，人本身就是一个自然物，而物质财富生产出来以后，要考虑的就是如何分配物质财富。在自给自足的自然经济中，只存在针对个别物质财富的分配，只要考虑物质财富的计量就行了。但是，当商品产生以后，产生了社会产品，此时，由于物质财富之间是不能比较的，价值就应运而生了，价值就是社会产品的分配尺度或分配权力，而在商品生产过程中人们结成的产品分配关系，就是生产关系的内容。

正因为价值是社会产品的分配权力，商品生产与交换才成为社会生产关系的产物。人本身虽是自然物，但又是社会的产物，社会生产关系——产品分配关系，对商品生产会产生作用，因而，商品生产与交换成为社会生产关系的产物。这里，商品交换过程，就是社会产品的分配过程。商品生产的目的，就是通过商品交换，从社会获得社会产品——物质财富，社会产品的分配规律，就成为商品生产与交换规律，因此，我们研究商品生产与交换规律，就是研究社会产品的分配规律。

商品生产与交换，是社会生产关系的产物，社会生产关系如何，商品生产规律与交换规律就如何，因此，我们必须在现实的生产关系中，考察商品生产与交换规律。如在商品生产自由竞争条件下，一般生产关系决定了商品生产与交换规律，即商品价值量，就成为我们把握商品生产与交换的规律性东西，商品价值量曲线就是商品供给曲线；而在商品生产垄断的情况下，生产资料垄断决定的生产关系，就决定了商品生产垄断条件下的商品生产与交换规律。在简单商品生产条件下，劳动成为社会产品分配的唯一生产要素，只有劳动才能创造价值，此时，我们就用这一生产关系来把握商品生产与交换规律。但在资本主义商品生产条件下，资本参与了社会产品的分配，资本也就能形成价值，此时，我们就用资本参与社会产品分配这一生产关系来把握商品生产与交换规律。

因此，微观经济学的研究，必须首先从市场经济中，抽象出社会产品分配规律，然后运用商品生产过程中人们结成的生产关系，考察具体的各个商品生产与交换过程，这就是微观经济学的研究方法。

社会产品分配规律，反映了商品生产者之间的关系，在物物交换的情况下，商品生产与需求没有脱节，社会产品的分配规律，就成为商品生产与交换规律。但是，当货币产生以后，产生了商品供给与需求，商品生产与需求脱节。此时，商品生产与交换规律，不仅与商品生产者有关，还与消费者有关，即对于商品供给来说，社会产品分配规律使我们明确了商品价值量，但不能明确商品供给的具体运动，即不能明确商品供给数量。

那么，商品生产数量是如何决定的呢？我们知道，商品生产者之间的生产关系决定了商品价格,而在具有一定利益的价格下,商品生产者当然希望生产越多越好,只是事实不能这样,我们必须考察消费者——商品需求规律,因而,边际效用理论产生了,并且成为微观经济学的内容。

当然,对于商品生产的不完全竞争与商品生产垄断的情况,商品价值量规律决定不了商品价格的运动规律,需要结合商品需求规律。

在这里,消费者的商品需求规律,是客观存在的,是不以人的主观意志而转移的,因此,我们只要正确把握商品需求规律,就可正确进行微观经济学研究了。

当然,现代商品生产,存在许多生产要素,而在市场经济中,市场主体不同,商品生产与交换规律也就不同,如劳动者为市场主体,劳动形成价值的规律就成为商品生产与交换规律;当资本成为市场主体,资本形成价值的规律就成为商品生产与交换规律。

在现代商品生产中,生产资料成为市场上的重要商品,虽然生产资料的供给规律与消费资料相同,但生产资料的需求规律与消费资料不同,因此,生产资料需求规律成为微观经济学的研究内容。

第三节 微观经济学的发展历程及发展趋势

一、微观经济学的发展历程

微观经济学的历史渊源可以追溯到亚当·斯密的《国富论》和阿尔弗雷德·马歇尔的《经济学原理》。20世纪30年代后,英国的琼·罗宾逊和美国的张伯伦在阿尔弗雷德·马歇尔的均衡价格理论的基础上提出了厂商均衡理论,标志着微观经济学体系的最终确立。微观经济学从产生到现在,经历了五个发展时期。

(一)萌芽时期(17世纪中期到19世纪初期)

此时期不少经济学家在对资本主义经济活动进行宏观考察时也作了微观探讨。他们在研究资本主义经济活动的同时,把个别商品价值的形成与决定,个别市场价格的决定和变动以及工资、利润、地租的数量关系作为考察对象，但此时微观分析和宏观分析混合在一起，没有明确的界限。

（二）奠基时期（19世纪晚期到20世纪初期）

此时期是资本主义自由竞争向垄断过渡的阶段，企业在社会经济发展中的地位日益突出，如何从微观角度研究企业行为、企业成本的降低、消费者需求等问题成为需要深入研究的现实问题，这些问题为微观经济学的研究奠定了客观基础。19世纪晚期到20世纪初期，边际主义学派兴起，提出了边际效用价值理论，为微观经济学的兴起奠定了基础。其代表人物有里昂·瓦尔拉斯（Léon Walras）、威廉·斯坦利·杰文斯（William Stanley Jevons）、赫尔曼·海因里希·戈森（Hermann Heinrich Gossen）、卡尔·门格尔（Carl Menger）、弗郎西斯·埃奇沃思（Francis Ysidro Edgeworth）、阿尔弗雷德·马歇尔、欧文·费希尔（Irving Fisher）、约翰·贝茨·克拉克（John Bates Clark）以及欧根·冯·庞巴维克（Eugen von Böhm-Bawerk）等人。在这个时期，微观经济学研究取得的成就可概括为三个方面：形成和发展了一套完整的微观经济活动者行为理论；提出了一般经济均衡问题，建立了一般经济均衡的理论框架；创立了当今的消费者理论、生产者理论、垄断竞争理论及一般经济均衡理论的数学基础。这些研究初步奠定了微观经济学的基础。

（三）建立体系时期（20世纪30年代到60年代）

此时期形成了以厂商理论为主体的理论体系。20世纪30年代以后，琼·罗宾逊的"垄断竞争理论"、张伯伦的"不完全竞争理论"、无差异曲线的应用对需求理论的修正、一般均衡分析对局部均衡分析的补充以及福利经济学的建立，标志着现代微观经济学体系的最终确立。现代微观经济学在阿尔弗雷德·马歇尔"均衡价格论"和约翰·贝茨·克拉克"边际生产力论"的基础上补充了"厂商理论"，不仅内容大为丰富，而且逐步建立起独立的体系。

（四）微观经济学的扩充和完善时期（20世纪60年代到80年代）

20世纪60年代以后，西方微观经济学的内容又有了重要的发展和扩充。如在许多微观经济学的著作中纳入了福利经济理论，使以"实证性"自居的微观经济学染上了"规范性"的色彩。又如，由赫伯特·西蒙（Herbert Alexander Simon）开创的企业决策理论也成为微观经济学的一个新的重要内容。还应指出，保罗·安东尼·萨缪尔森（Paul Anthony Samuelson）在其1976年问世的《经济学》第十版中，提出了"新微观经济学"一词，他把时间经济学、人力资本、人口的经济理论、法律经济学、爱与利他主义经济学都作为新微观经济学的内容。

（五）微观经济学的深化时期（20世纪80年代至今）

新制度经济学、产权经济学、交易费用理论、公共选择理论、博弈论、信息经济学和寻租理论的进一步兴起，促使了微观经济学理论体系的深化。这种深化，不仅使现代微观经济学的考察范围大为扩充，而且使它的内容和研究对象也发生了重大的变化。与微观经济学理论的深化相适应，一些新的经济学理论随之产生，如交易成本、产权、非均衡、资产定价、寻租、非对称信息、现实性偏好等。

二、微观经济学的发展趋势

（一）分析工具的数学化趋势

第二次世界大战结束后，数学在经济学中的应用趋向专门化、技术化、职业化，甚至到了登峰造极的程度，从而使经济学的理论表达更准确，思维更成熟。数学化成为经济学发展的主流趋势主要表现在三个方面：一是计量经济学的崛起；二是统计学在经济学中的大规模运用；三是博弈论的引进。

（二）研究的假定条件不断完善趋势

随着社会经济的不断发展，经济学家们放宽研究的理论假设或修改研究前提，或一反传统逆向假定，以构建和拓宽其研究领域。例如，"经济人"的假定是新古典经济学的研究基础，是新古典微观经济学的核心，也是新古典宏观经济学的基石之一，在数百年的发展过程中得到了不断完善和充实，在西方经济学中占据了主流位置；但"经济人"的假定条件也被不断修改和拓展，甚至遭到批评和攻击。例如，赫伯特·西蒙认为"经济人"的计算能力是"有限理性"的，行为者无法在多种可能的选择中做出最终选择。

哈维·莱本斯坦（Harvey Leibenstein）在 1966 年至 1981 年发表的 4 篇论文中一反"利益最大化、效用最大化、成本最小化"的"经济人"传统假定，认为上述假定在完全竞争下是适用的，而在垄断型企业里，利益最大化原则是个"例外"。

（三）研究领域的非经济化趋势

20 世纪西方经济学的演变中出现了一个十分引人注目的现象，即研究领域与范围开始逐渐超出了传统经济学的分析范畴，经济分析的对象扩大到几乎所有人类行为，如家庭作为一个"生产"的基本单位被纳入微观经济分析之中，国家和政府被视为一种"政治市场"纳入经济分析之中，法律制度与经济制度被纳入微观经济分析之中。

（四）案例使用的经典化趋势

在西方经济学中，经济学家的笔下已为后人留下了许许多多的经典性"案例幽默"。一提起"灯塔"，人们就知道是指公共物品消费中收费难的"搭便车"难题。20 世纪西方经济学中的"举例"不仅已经发展到了"经典化"的地步，而且在有些定理中不举例已不足以说明问题，甚至所举的案例已具有不可替代性。这种案例的唯一性简单明了，通俗易懂，代代相传，成为一种象征。如科斯定理是通过一个简单的"牛群到毗邻的谷地里吃谷"的故事来完成的；在论述外部性的产生与补偿时，经济学研究者常使用"蜜蜂与果园"的例子。

第三章　金融与经济发展

2008年，金融危机和经济危机席卷全球，从中可以看出金融与经济联系的紧密度。发达国家经济发展的历程也表明金融是现代经济的核心，金融稳定经济就稳定。而发展中国家的经济、金融实践也证明，金融发展滞后、金融压抑等是制约经济发展的重要因素。同时，金融危机也揭示了发达国家金融自由化带来的严重问题。因此，处理好经济与金融的关系，是金融健康发展和实现经济增长的重要保证。

第一节　金融发展与经济增长

在第二次世界大战后的最初二十年里，人们并没有将金融政策视为促进经济稳定与经济增长的重要工具，西方主流经济发展理论与金融理论基本上是相互脱离的，它们侧重于分析各种实物因素，如资本、劳动力、技术及自然资源在经济发展中的作用，而忽视了金融因素的作用。20世纪60年代，以戈德史密斯（Raymond W. Goldsmith）为代表的一批经济学家肯定了金融发展对于一国经济增长不可或缺的作用。20世纪70年代，麦金农（Ronald I. Mckinnon）的《经济发展中的货币与资本》和爱德华·肖（Edward Shaw）的《经济发展中的金融深化》，有力地证明了金融部门与经济发展之间存在着密切的关联。他们还指出，由于发展中国家存在广泛的"金融压抑"现象，阻碍了金融的发展，从而制约了经济增长，所以发展中国家应将以金融自由化为内容的金融改革作为发展政策的核心。自此，发展中国家先后进行了以金融深化或金融发展为目标的金融体制改革。同时，发达国家也相继放松金融管制，一场在全球范围内的金融自由化运动迅速兴起。

从总体上看，金融自由化运动逐步打破了束缚在金融业上的种种陈规，金融业获得了长足的进步，推动了这些国家的经济增长。然而，某些发展中国家的金融自由化运动也出现了许多问题。20世纪80年代至今，金融危机频繁爆发，先后发生了拉美债务危机、墨西哥金融危机、东南亚金融危机等，迫使人们从理论和实践上重新认识金融深化（自由化）—金融发展—经济增长的逻辑关系。

一、金融发展的含义

金融发展，作为一个专用术语，按照戈德史密斯的解释，是指金融结构的变化，金融结构包括金融工具的结构和金融机构的结构两个方面。一个社会的金融体系是由众多的金融工具、金融机构组成的。不同类型的金融工具与金融机构组合，构成不同特征的金融结构。有的国家金融体系中的金融工具种类多、数量大、流动性强；同时，金融机构的规模大、数量多、服务范围广，具有较强的竞争实力。有的国家金融工具种类少、数量不多、流动性也差；同时，金融机构的种类少、规模不大、服务范围有限、服务效率低下。一般来说，金融工具的数量、种类、先进程度，以及金融机构的数量、种类、效率等的综合，形成程度不同发展的金融结构。因此，金融发展程度越高，金融工具和金融机构的数量、种类就越多，金融服务的效率就越高。

二、衡量金融发展的基本指标

根据金融发展的定义衡量金融发展程度，实际上是衡量金融结构的状态。此外，因为金融发展与经济增长之间存在正向关系，所以衡量金融发展的指标基本上可以分为两类：一是金融内部结构指标，二是金融发展状态与经济增长的相互关系指标。

（一）金融内部结构指标

戈德史密斯提出了许多金融结构指标。
（1）主要金融资产（如短期债券、长期债券和股票等）占全部金融资产的比重。
（2）金融机构发行的金融工具与非金融机构发行的金融工具之比率，该比率是衡量金融机构化程度的尺度。
（3）在非金融机构发行的主要金融工具中金融机构持有的份额，该比率更详尽地衡量了金融机构化程度。

（4）主要金融机构（如中央银行、商业银行、储蓄机构及保险组织）的相对规模。

（5）同类金融机构资产之和与全部金融机构总资产的比率，该比率称为分层比率，它衡量金融机构间的相关程度。

（6）主要非金融部门的内源融资和外部融资的相对规模。

（7）在外部融资方面，不同金融工具在已发行的各类债券和股票中所占的比重，如国内部门（主要是国内金融机构）和外国贷款人在各类债券和股票中的相对规模。

（二）金融发展与经济增长的相互关系指标

1.金融相关率

在对不同国家金融结构进行比较时，可能遇到统计数字不全的困难。为此，戈德史密斯提出把金融相关率作为金融比较的工具。该指标由于简单、适用、合理而被广泛使用。

所谓金融相关率，是指某一时期一国全部金融资产的价值与该国经济活动总量的比值。它是衡量金融上层结构规模的最广泛尺度。金融资产包括：非金融部门发行的金融工具（即股票、债券及各种信贷凭证）；金融部门（即中央银行、商业银行、清算机构、保险组织、二级金融交易中介）发行的金融工具（如通货与活期存款、居民储蓄、保险单等）和国外部门的金融工具等。在实际统计时，常用国民生产总值或国内生产总值来表示经济活动总量。

2.货币化率

货币化率是指一国通过货币进行商品与服务交换的价值占国民生产总值的比重，主要用来衡量一国的货币化程度。随着商品经济的发展，使用货币作为商品与服务交换媒介的范围越来越广。对于这种现象，可称为社会的货币化程度不断提高。由于货币是金融资产的一个重要部分，所以货币化率是反映一个社会的金融发展程度的重要指标。在使用货币化率指标时，要注意使用的是哪个层次的货币统计量。

除了以上提到的指标外，还可以根据研究的实际需要，构造适宜的金融发展指标进行实证分析。例如，用流动性负债比率即金融体系的负债（现金＋银行，与非银行金融机构的活期存款以及有息负债 GDP 的比值）来衡量金融深度，该指标与金融相关率类似，反映了整个金融中介部门的规模；用私人信贷比率即分配给私人部门的信贷与国内总信贷的比率，以及通过金融中介分配给私人部门的信贷与 GDP 的比率来衡量信贷在私人部门与公共部门之间的分配；用股票市场成交量比率（即股票成交量/GDP）以及股票的换手率（即股票成交量/流通股本）来衡量股票市场的发展程度；等等。

在衡量金融发展的程度时，需要区别质和量两个方面。金融效率的提高、金融结构的优化、金融风险的降低等反映了金融发展质量的提高，这些指标的发展通过便利经济交易、降低交易成本、管理风险等加速资本积累和技术创新来促进经济增长；相反，单纯的金融数量扩张并不一定能产生上述作用，当金融体系的脆弱性累积到一定程度，出现金融危机时，金融对经济的反作用就暴露出来。

三、金融发展与经济增长的实证检验

戈德史密斯在《金融结构与金融发展》一书中，详尽地研究了截至 1963 年近 100 年内 30 多个国家的金融发展状况，得出了以下主要规律：

（1）从纵向看，在一国的经济发展过程中，金融资产的增长比国民财富的增长更为迅速。因此，金融相关率有提高的趋势。但金融相关率的提高并不是无止境的，一旦经济发展到一定水平，金融相关率的变动即趋于稳定。

（2）从横向看，经济欠发达国家的金融相关率比欧洲与北美国家的金融相关率低得多。20 世纪 60 年代初期，欠发达国家的金融相关率通常在 1/3～2/3，而美国与西欧在 19 世纪末期已经超过这一水平。这也体现了两类国家在金融发展上的时代差别。

（3）金融相关率还受到一国经济结构的基本特征，如生产集中程度、财富分配状况、投资能力、储蓄倾向等的影响。这些特征反映在非金融部门发行的债权和股权证券的市值与国民生产总值的比率中。该比率越高，说明储蓄与投资的分离程度越高。

（4）在大多数国家中，金融机构在金融资产的发行与持有上所占的份额随经济的发展而显著提高。

（5）从直接融资的内部结构来看，随着金融机构的发展，债权比股权增长更快（许多国家限制金融机构持有股票），而且长期债权投资的增长快于短期债权投资增长。金融机构持有大部分债权，而公司股票则主要由个人持有。发达国家股权投资与债权投资的比率高于不发达国家，而且发达国家金融机构持有的股票份额高于不发达国家，并有继续增长的趋势。

（6）随着金融的发展，银行资产占金融机构全部资产的比重趋于下降，非银行金融机构资产占有的比重相应提高。目前，在一些发达国家，非银行金融机构的金融资产总额已超过银行的资产总额。货币化比率最初上升，继而停止上升或下降。

（7）金融发达国家的融资成本（主要包括利息和其他费用）明显低于不发达国家的水平。不过，自19世纪中期以来，西欧与北美国家并未出现融资成本长期下降的趋势。

戈德史密斯等人的研究开创了用定量方法描述金融发展的先河，揭示了各国金融发展的规律性。不过，戈德史密斯并没有明确得出金融发展与经济增长之间的正向或负向关系，他只是从数据分析中得出，大多数国家的经济发展与金融发展大致平行的结论，而对于金融因素是否促进了经济的加速增长，或者金融发展是否反映了经济增长，戈德史密斯谨慎地认为尚无把握建立因果机制。

20世纪90年代以来涌现出的许多实证研究，为金融发展促进经济增长的观点提供了有力支持。比如，金和列文（King and Levine，1993）研究了77个国家自1960年至1989年的状况，发现金融发展与经济增长存在显著的正相关关系，1960年以后的30年内，人均GDP增长率、人均资本增长率和人均生产率增长率与金融深度指标都存在显著的正相关关系。鉴于资本市场的重要性，列文和泽维斯（Levine and Zervos）研究了41个国家自1976年至1993年股票市场与长期经济增长的关系，数据分析说明，股票市场的发展与经济增长呈正相关关系。

第二节　金融压抑与经济增长

一、金融压抑的含义

所谓金融压抑，是指市场机制作用没有得到充分发挥的发展中国家所存在的金融管制过多、利率限制、信贷配额以及金融资产单调等现象，也就是金融市场发展不够、金融商品较少、居民储蓄率高。金融压抑表现为利率管制、实行选择性的信贷政策、对金融机构进行严格管理以及人为高估本国汇率以提升本国币值等。

金融压抑理论是由美国著名经济学家麦金农首创。在《经济发展中的货币与资本》一书中，麦金农从金融制度绩效的角度强调"金融压抑"对经济发展的负面影响。他尖锐地指出，正是政府对金融的过度管理才抑制了储蓄的增长并导致资源配置的低效率，并提出了废除金融管制，实现金融自由化的政策建议。麦金农认为，传统的货币理论基础只适用于发达国家，而对发展中国家货币金融问题的研究，必须分析发展中国家货币金融制度的特点。由于发达国家与发展中国家的市场存在着重大差别，因此，适用于发达国家的货币理论并不一定适用于发展中国家。

二、发展中国家普遍存在金融压抑现象

（一）发展中国家普遍存在金融压抑现象的表现

与发达国家相比，发展中国家的金融体制显得很落后，从金融结构的角度来考察，主要表现在以下 5 个方面：

（1）发展中国家的金融工具形式单一，规模有限；而发达国家的金融工具则种类丰富，规模大。

（2）发展中国家的金融体系存在着明显的二元结构，即以大城市和经济发达地区为中心的以现代大银行为代表的现代部门和以落后的农村为中心的以钱庄、当铺、合会为代表的传统部门。

（3）发展中国家的金融机构单一，商业银行在金融活动中居于绝对的主导地位，非银行金融机构则极不发达，金融机构的专业化程度极低，金融效率低下；而发达国家的金融机构体系却错综复杂、功能全面。

（4）发展中国家的直接融资市场极其落后，并且主要是作为政府融资的工具而存在的，企业的资金来源主要靠自我积累和银行贷款。

（5）由于发展中国家对金融资产的价格实行严格的管制，致使金融资产价格严重扭曲，因此无法反映资源的相对稀缺性。具体表现是压低实际利率，高估本国货币的币值。

（二）导致金融压抑的政策原因

金融压抑现象虽然与发展中国家落后的客观经济现实有关，但发展中国家政府所实行的金融压抑政策是更重要的原因。发展中国家的政府希望积极推动经济发展，但由于经济发展水平低、税收体制落后、外汇资金短缺、政府财力薄弱，为获得资金实现自身的发展战略，政府常常不得不对存贷款利率、汇率、信贷规模和投向、资本流动、金融业的准入等实行全方位的限制和干预。这种压抑性的金融政策主要体现在以下几个方面：

1.通过规定存贷款利率和实施通货膨胀人为地压低实际利率

为了降低公共部门的融资成本，阻止私有部门同公共部门竞争资金，发展中国家通常以设定存贷款利率上限的方式来压低利率水平；同时由于发展中国家政府常常不得不依靠通货膨胀政策来弥补巨大的财政赤字，所以通货膨胀率往往居高不下。结果是，发展中国家的实际利率通常很低，有时甚至是负数。这一结果严重脱离了发展中国家资金稀缺的现实。过低的实际利率使得持有货币的实际收益十分低下，从而降低了人们对实际货币的需求，金融资产的实际规模也就无法得到发展。

2.采取信贷配给的方式来分配稀缺的信贷资金

由于利率低下导致储蓄减少、投资膨胀，发展中国家通常面临着巨大的资金短缺，在这种情形下实行选择性或部门性的信贷政策，引导资金流向政府偏好的部门和企业，为此不惜分割金融市场、限制金融市场的发展。这些为政府所偏好的企业，通常并不具有非常理想的投资收益率，而大多是享有特权的国有企业和具有官方背景的私有企业。由此导致的一个直接后果是，资金的分配效率十分低下。

3.对金融机构实施严格的控制

这种控制包括：对金融机构实施很高的法定准备金率和流动性要求，以便于政府有效地集中资金；严格限制金融机构的资金流向；严格限制某些种类的金融机构的发展；实施金融机构的国有化；等等。政府倾向于鼓励那些能够从中获取巨大铸币收益的金融机构和金融工具的发展，抑制其他金融机构和金融工具的发展。货币和银行系统往往受到偏爱和保护，因为通过储备要求及强制性的持有政府债券，政府可以无息或低息为公共部门融资。对于私有证券，因为不便于从中收取铸币税，政府则借助交易税、印花税及资本所得税等多种形式对其进行抑制。这些控制造成的直接后果是，金融机构的成本高昂、效率低下，金融机构种类单一、专业性低。

4.人为高估本币的汇率

发展中国家为了降低进口机器设备的成本,常常人为地高估本币的汇率,使其严重偏离均衡的汇率水平。这一政策的结果使发展中国家陷入了更为严重的外汇短缺困境。过高的本币汇率不仅使发展中国家本来就十分低下的产品国际竞争力更弱,而且使进口需求高涨。其结果是,发展中国家不得不实行全面的外汇管制,对稀缺的外汇资源进行行政性分配。

显然,发展中国家的金融压抑政策更加深了其金融压抑的严重程度。

三、中央集中计划体制国家的金融压抑

中央集中计划体制国家的金融也处于被抑制的状态。在中央集中计划体制的国家,普遍存在的情况是金融资产单一,银行业完全由国家垄断,金融业的价格和数量管制同时存在。不但利率、汇率受到严格管制,信贷资金的规模和投向也是受管制的,基本上不存在规范意义上的金融市场。之所以出现这种情况,并不是因为这类国家的经济发展水平低到几乎不需要金融调节的程度,而是由其选择的体制所决定。中央计划高度集中、统一地分配资源必然排斥市场机制在资源配置方面的作用。相应地,对金融的发展也无客观要求。

从1979年以前中国的经济体制模式可看出以下特点:

(1)在经济增长机制中,起决定性作用的不是需求的拉动作用而是供给要素的分配。货币的作用是充当交易的媒介和记账手段,没有进一步发挥作用的根据。

(2)在资金积累方式上,形成了单一的国家统一积累途径。在很长的一段时期内,甚至连企业的固定资产折旧也绝大部分上缴财政。财政分配成为主要分配方式,金融再分配的可能性极小。

(3)在微观经济主体的行为中,企业的活动被限定在完成和超额完成计划的范围之内,没有多少自主经营的余地;居民家庭由于收入水平较低,没有多少储蓄,当然也没有资产选择行为;地方政府的经济职能也是制订计划和督促企业完成计划,在统收统支的制度下,它们也没有多大的独立财权。

在这种情况下,金融行业处于被压抑的不发达状态则是很自然的事情。

四、金融压抑对经济增长的阻碍

发展中国家的金融压抑政策扭曲了金融资产的价格,这种政策虽然在既定的通货膨胀率和名义利率下为政府赤字融通了资金,但对经济效率的损害也是相当大的。

(一)利率管制对经济增长的副作用

人为压低利率的消极作用主要表现在 4 个方面:

(1) 低利率促使人们更关心现期消费,忽视未来消费,扭曲了公众对资金的时间偏好,从而导致储蓄水平低于社会最优水平,较低的储蓄水平致使投资水平也低于最优水平,最终损害经济增长率。

(2) 低利率使潜在的资金供给者不去正规的金融中介机构存款,而是直接从事收益可能较低的投资,这就降低了整个经济体系的效率。

(3) 政府管制的金融中介可能因地方性的、不受政府管制的、非正规的地下的信贷市场的兴起而被削弱。

(4) 由于资金成本较低,银行借款人会投资于资本密集的项目。

因为利率较低,收益较低的项目也会产生利润,这就产生了对贷款的超额需求,为避免信贷扩张发生通货膨胀,政府和银行不得不在实行利率压制政策的同时,实施行政性信贷配给。一方面寻租和腐败行为难以避免,另一方面由于逆向选择的结果,整个银行体系的资产质量都会下降,投资效率降低。

利率管制不但阻碍了发展中国家的经济增长,而且对发达国家也产生了一些消极影响。20 世纪 60 年代末期以后,通货膨胀上升使市场利率提高,因为银行存款利率受到利率上限的管制,市场利率与银行存款利率的差距拉大,导致西方某些发达国家的银行体系出现了"脱媒"现象。

(二)外汇管制对经济增长的副作用

发展中国家对外汇市场进行管制,通过官定汇率高估本币币值和低估外币币值,可以达到降低进口成本的目的。然而在这些国家能以较低的官定汇率获得外汇的只是一些享受特权的机构和阶层,那么外汇的供不应求不仅不能使国民受益,反而会助长黑市交易活动。此外,由于本币币值被高估,出口受到了极大损失,导致外汇资金更加稀缺,国际收支状况恶化。与此同时，一些持有官方执照的进口商，利用所享受的特权赚取超额利润。在许多发展中国家实行进口替代政策的情况下，外汇管制更容易引起重视重工业和轻视农业、轻工业的后果。

（三）其他金融压抑政策对经济增长的副作用

除了扭曲金融领域的价格之外，金融压抑的其他方面对经济增长也具有负面影响。例如，政府对银行信贷业务的过多行政干预，容易形成大量不良贷款，一方面降低了金融的效率，另一方面又产生了潜在的金融风险，给金融安全以及宏观经济的稳定发展带来隐患。一旦实施金融自由化政策，潜在的金融风险很容易突然转化成现实的金融风波乃至金融危机。这说明，以往实行的金融压抑政策所产生的后果有可能为日后金融自由化埋下隐患。在20世纪70年代拉美国家进行金融自由化时，由于经济波动加剧，许多私营企业发生了财务困难，致使一些银行濒临破产。为此，一些国家采取扩张信用的措施以拯救银行。但这些措施实施的同时又造成了宏观经济的不稳定，如通货膨胀的加剧。亚洲国家，如日本、韩国等的银行体系中的大量呆账在1997年亚洲金融危机中暴露出来，纷纷出现大银行倒闭的金融危机，对国内经济产生了巨大冲击。

20世纪70年代以来，一些经济学家对金融压抑的负效应作了大量的实证研究，他们通过分析金融压抑对储蓄和产出增长的短期和长期影响发现，金融压抑对储蓄率、投资率、出口和产出增长率都有显著的抑制效应。

第三节　金融自由化与经济增长

一、金融自由化的本质和内容

金融自由化也称"金融深化"，是"金融压抑"的对称，主张改革金融制度，改革政府对金融的过度干预，放松对金融机构和金融市场的限制，增强国内的筹资功能以改变对外资的过度依赖，放松对利率和汇率的管制使之市场化，从而使利率能反映资金供求,汇率能反映外汇供求,促进国内储蓄率的提高,最终达到抑制通货膨胀、刺激经济增长的目的。

"金融自由化"理论是由美国经济学家麦金农和爱德华·肖在20世纪70年代,针对当时发展中国家普遍存在的金融市场不完全、资本市场严重扭曲和患有政府对金融的"干预综合征",影响经济发展的状况首次提出的。金融自由化有引发金融脆弱性的可能。严格意义上讲,金融自由化的真正含义是放松管制,其核心内容包括以下几个方面:

(一)放松利率管制

由政府维持的官定利率人为地造成资金供求的均衡价格与官定价格之间存在着巨大差距。由于官定利率大大低于潜在起作用的供求均衡利率,因此,在信贷分配上出现了大量的官商勾结、以权谋私等问题。为了消除这一弊病,不少发展中国家解除了对利率的管制,更多的国家则对利率采取了较为灵活的管理方式。

(二)缩减指导性信贷计划

在实施金融自由化之前,许多发展中国家的政府都对信贷分配实施指导性计划管理。在政府影响力较强的国家中,这些所谓的指导性信贷计划实际上起着指令性计划的作用。这种对金融活动的人为干预,效果大多都很差。正因为这一点,许多发展中国家在20世纪70年代中期缩减了指导性信贷计划,而阿根廷、智利和乌拉圭三国完全取消了指导性信贷计划。

(三)减少金融机构的审批限制,促进金融同业竞争

在发展中国家,一方面金融机构数量不足,另一方面存在着本国和外国银行登记注册的各种障碍。不允许自由进入金融行业,势必造成金融垄断,金融垄断派生的不合理信贷分配和僵化的利率必然造成金融运行的低效率。许多发展中国家的政府认识到了这一点,从而将减少进入金融行业的障碍作为金融改革的一个重要内容,促进了金融同业的竞争。

(四)发行直接融资工具,活跃证券市场

在放开利率管制、鼓励金融机构间竞争的同时,实行金融自由化的国家无不积极发

展证券市场。具体内容是：增加可流通金融工具的发行数量，培育证券一级市场和二级市场，完善有关的证券管理法规，适时对外开放证券市场。

（五）放松对汇率和资本流动的限制

相对于其他金融自由化措施，汇率和资本账户的开放进度要缓慢得多。由于发展中国家管制汇率往往高估本国货币，一旦放开，可能出现本币的大幅度贬值，进口依赖较强的国家会引发严重的通货膨胀。因此，不少国家对汇率的放松持相对谨慎的态度，一般采取的是分阶段、逐步放开的方法。开放资本账户就是实现资本项目可自由兑换。

二、若干发展中国家的金融自由化改革

阿根廷、智利和乌拉圭这 3 个国家在 20 世纪 70 年代中期实施了金融自由化改革试点。

其改革措施主要有 4 项：

（1）取消对利率和资金流动的控制。

（2）取消指导性信贷计划。

（3）对国有银行实行私有化政策。

（4）减少本国银行和外国银行登记注册的各种障碍。

智利的改革开始以后，通货膨胀率从 1974 年的 600%下降到 1981 年的 20%，阿根廷和乌拉圭两国的通货膨胀率则仍居高不下。智利的实际利率水平在 1980 年至 1982 年分别为 12.1%，38.8%和 35.7%，阿根廷和乌拉圭不时出现负利率，但是这两个国家的利率在许多时期还是相当高的。

在改革过程中，许多私营企业发生了财务困难。20 世纪 80 年代初，一些金融机构濒临破产。上述 3 个国家的金融当局为了救助这些破产银行，曾采取货币扩张的措施，然而这种救助措施同时造成了宏观经济的不稳定。在这种情况下，阿根廷和智利被迫对金融重新采取直接控制措施。在直接控制措施实施了一段时间后，阿根廷和智利才又逐渐恢复了自由化政策。

有人认为，新西兰是从严格管制的金融体系向主要依靠市场机制的金融体系过渡的范例。直到 1984 年，新西兰政府对金融的干预还十分普遍，其主要表现在以下几个方

面：大部分金融机构的利率受到管制，信贷按指令分配给住宅业、农业等优先部门，强制金融媒介以低于市场的利率购买政府的公债券，等等。这些政策措施虽然刺激了农业、住宅业的投资，并为政府提供了弥补赤字的廉价资金来源，但是，由于减少了对效益较高金融活动的资金供给，因此延缓了经济增长，并降低了金融的稳定性和货币政策的有效性。

1984年，新西兰政府采取了新的市场经济政策。例如，在金融部门，政府取消了所有利率管制和信贷指令，允许汇率自由浮动，销售政府公债采取市场定价，并建立了一套控制货币的新体系。为了推动金融机构之间的业务竞争，政府对新银行的建立采取鼓励态度，并扩大了允许进行外汇交易机构的范围等。

韩国在20世纪60年代和70年代，一直奉行较严格的金融管制政策。在很长一段时期内，利率经常被控制在一个较低的水平。在信贷分配总额中，有1/3以上由政府指令支配。从20世纪80年代初期开始，韩国政府采取了金融改革政策，其措施主要有：

（1）对非银行金融机构进一步取消管制。

（2）放松对新成立金融机构的审批管理。

（3）大部分政府所有的商业银行实现了私有化。

（4）政府取消了优惠贷款利率。

（5）不再提出带有干预性的任何指导性信贷计划。

（6）允许金融机构拓宽服务范围。

（7）自1988年下半年开始，在存款利率依然受到控制的同时将大部分贷款利率全部放开。

三、金融自由化的实际效果

金融自由化对经济增长的促进作用虽然在理论上早有说明，但实证检验的结果不是十分一致。

（一）储蓄效应

根据爱德华·肖的观点，在推进金融自由化进程中，采取的解除利率管制等措施能够提高储蓄水平。有些研究认为存在储蓄效应，而另一些研究则认为不存在。例如，马克斯韦尔·J.弗莱（Maxwell J. Fry）对 16 个亚洲发展中国家自 1961 年至 1983 年间国民储蓄函数的研究发现，实际存款利率与储蓄显著正相关；而艾尔伯特·乔文尼尼（Alberto Giovannini）研究了 7 个亚洲发展中国家 20 世纪 60 年代和 70 年代的数据，没有发现实际利率的储蓄效应。对于中国而言，金融业曾经长期不发达，处于金融压抑状态，自 20 世纪 80 年代金融改革以来，利率管制等金融管制措施一直存在，而储蓄率却远高于发达国家和大部分发展中国家。这一现象显然不能简单地用金融压抑理论来解释。除了利率之外，一国的储蓄水平还受其他许多因素的影响，如对未来收入和支出预期的不确定性以及流动性约束等。收支预期不确定性的增加，倾向于提高储蓄水平；当流动性约束很严重时（如在金融压抑的情况下，信贷不发达，个人的重大消费和企业的投资必须依靠自身的积累），一般会提高储蓄水平。

（二）投资效应

投资效应包含两个方面，一是规模效应，指投资规模随金融自由化过程的推进而扩展；二是效率效应，指金融自由化导致投资效率提高。对于规模效应的实证检验有不同的结果，有的实证检验说明提高存款利率有助于资本积累、扩大投资数量；还有的实证检验得出相反的结果，即实际利率与投资之间存在明显的负相关关系。对于利率自由化的投资效率效应的检验则比较一致，一般认为金融自由化有助于提高投资效率。

（三）金融深化效应

金融深化，是指经济发展过程中金融结构的优化、金融效率的提高。对于金融自由化进程是否促进了金融深化这一问题的实证研究，其结果是高度一致的。若以货币化比率来衡量，绝大多数国家在开始金融自由化进程以后金融都深化了。其他指标，如私人投资所占比重、股票市场价值、上市公司数量、银行部门提供的信贷占 GDP 的比重等也显示金融自由化对金融深化具有促进作用。

（四）经济增长效应

金融自由化政策能促进经济增长。对发展中国家 20 世纪 60 年代初到 80 年代末这段时期的大量的实证研究表明，实际利率与实际 GDP 增长率之间存在显著的正相关关系。一般来说，实际利率为正值的国家，经济增长率较高；实际利率为负值的国家，经济增长率较低,甚至为负值。

总的来看,金融自由化政策的确从各种渠道产生了促进经济增长的良性作用。实证研究中存在的一些争议只是说明了正确评价金融自由化效果的复杂性,因为在各国实施金融自由化的同时,还伴有其他经济改革措施,如财政、税收、外贸、私有化等方面的改革。各国的具体国情千差万别,要准确地判断金融自由化对经济增长的作用是困难的,但显然不能否认金融自由化的作用。

四、金融自由化与金融危机

金融自由化在促进经济增长方面的确取得了一些成就,然而在全球金融自由化进程中,不断涌现的金融危机使人们不得不重新审视金融自由化政策。

(一)金融危机的定义及其类型

一位西方经济学家曾经幽默地指出,如同西方文化中的美女一样,金融危机难以定义,但一旦相遇却极易识别。通常的说法是,全部或大部分金融指标(如利率、汇率、资产价格、企业偿债能力和金融机构倒闭数)的急剧、短暂、超周期的恶化,便意味着金融危机的发生。

"金融"一词涵盖的范围极广,金融危机也有不同的类型,一般来说,有货币危机、银行业危机、股市危机、债务危机和系统性金融危机等几类。货币危机是指投机冲击导致一国货币大幅度贬值,抑或迫使该国金融当局为保卫本币而动用大量国际储备或急剧提高利率;银行业危机是指真实的或潜在的银行破产致使银行纷纷中止国内债务的清偿,抑或迫使政府提供大规模援助以阻止事态的发展,银行业危机极易扩散到整个金融体系;股市危机的表现最易把握,那就是股市崩盘;债务危机是指一国处于不能支付其外债利息的情形,无论这些债权是属于外国政府还是居民个人;系统性金融危机,可以称为"全面金融危机",是指主要的金融领域都出现严重的混乱,如货币危机、银行业危机、股市崩溃及债务危机同时或相继发生。

(二)金融自由化与金融危机的联系

自20世纪80年代以来,在二十多年的时间内,全世界发生了6次大的金融危机,其中有 3 次发生在发展中国家。1982 年，以墨西哥政府宣布不能偿还外债为先导，爆发了拉美国家的债务危机；1994 年，墨西哥政府宣布比索贬值，引发了以拉美国家为先导的新兴市场国家的货币危机和资本市场危机；1997 年，从泰国开始，又形成一轮与 1994 年金融危机类似的，主要波及区域为东南亚、东北亚国家的金融危机。

细观这 3 次金融危机，可以发现共有 6 处相同点：

（1）危机爆发的国家均处于经济快速增长时期。

（2）这些国家的资本市场对外开放程度均很高，以利于大量吸引外资。

（3）这些国家存在不同程度的经常项目下赤字。如墨西哥 1994 年经常项目下的赤字达到 294 亿美元，相当于 1990 年的 4 倍。泰国 1995 年经常项目下赤字达到 135 亿美元，相当于 1990 年的两倍。

（4）有大量外资流入，流入方式以银行贷款及其他债权投资为主，直接投资数量不大，如自 1990 年至 1994 年墨西哥的外资流入共 950 亿美元，其中外国直接投资只占 25%。

（5）均实行盯住美元的固定汇率制度，完全放开经常项目、部分或全部放开资本项目的货币兑换。

（6）银行资产质量存在较大问题，银行体系承受风险的能力脆弱。

事实上，这些共同的特征都对金融危机的爆发产生作用。这些因素中，大部分涉及金融自由化改革的内容，使人们将金融危机与金融自由化联系在一起。

许多研究认为金融危机与金融自由化有关。艾思利·德默格·昆特（Asli Demirguc Kunt）、恩瑞卡·笛特拉齐亚克（Enrica Detragiache）在《金融自由化和金融脆弱性》一文中，以 1980 年至 1995 年间包括发达国家和发展中国家的 53 个国家为样本，分析了金融自由化与金融脆弱性（简单来讲，金融脆弱性是指金融业容易失败的特性，也被称作"金融内在脆弱性"）的关系。结果发现，金融脆弱性受多种因素的影响，包括宏观经济衰退、失误的宏观经济政策以及国际收支危机等，但金融自由化因素对金融稳定具有独立的负面影响。

（三）金融自由化引发金融危机的原因分析

概括起来，金融自由化主要从以下几个方面强化了金融体系的潜在风险。

1.利率自由化后，利率水平的急剧变动会增加金融体系的潜在风险

首先，当实际利率上升到接近甚至超过实际资产的投资收益率时，投资需求减少，投资规模缩减；在信息不对称条件下，银行贷款利率提高还会产生逆向选择问题，即厌恶风险的借款人回避高利率，不去贷款或减少贷款需求，而偏好风险的借款人则不顾高利率成本，他们更多地成为银行的借款人，导致银行错过了优质客户，选择了劣质客户，贷款项目的风险因而提高。

其次，放开存款利率后，存款机构之间的竞争抬高了存款利率，使银行的筹资成本上升。如果贷款利率没有上升相同的幅度，存贷款利差将缩小，会减弱银行的盈利能力，诱使银行自身从事高收益、高风险的项目，这也增加了银行的潜在风险。

再次，在金融自由化的开始阶段，利率的急剧上升会吸引大量外资流入，使外债增加，当出现国际收支恶化、外汇市场信心丧失时，国际资本抽逃、货币贬值将使一些金融机构无法偿还外债而破产。如果在政府财政赤字过多的情况下放开利率，则无疑会加大政府的利息负担，使财政赤字进一步增大。受政府债券市场容量以及税收收入的限制，为了弥补财政赤字，政府仍不能摆脱向银行借款的融资方法，结果是财政赤字货币化，可能导致通货膨胀。

最后，利率的波动加剧，对金融机构的资产负债管理提出了更高的要求，而处于金融压抑状态的金融机构可能在金融自由化的开始阶段不能适应这种变化，缺少有效防范利率风险的措施，使金融风险进一步增加。

2.钉住汇率制度与开放资本市场之间孕育着风险

20世纪90年代以来的金融危机，大多与国际资本在各国资本市场之间的移动有关。国际游资进出一国资本市场的难易程度取决于该国汇率管制的严格程度和资本市场对外开放的程度。在外汇方面，发展中国家在金融自由化的改革中，无不在一定程度上放开汇率的管制，如墨西哥与泰国均实现了经常项目下和资本项目下的货币自由兑换。出于多方面考虑，政府大多采取与美元挂钩的汇率制度。盯住美元的汇率政策要求政府将本国货币对美元的汇率保持在一个相对窄的范围内波动。当出现外部冲击时，政府必须运用外汇储备以维持汇率稳定。在资本市场方面，发展中国家为了加快国内经济的发展，均设法吸引外资，如提高资本市场对外开放的程度，减少对国际资本流动的限制。泰国和墨西哥的金融自由化改革几乎完全排除了资本流动的障碍，使大量的国际资本可以自由进出该国的资本市场。但是由此带来的问题是，一旦由于某种原因使国际游资大规模撤离，将会给政府维持盯住汇率制度带来很大困难，严重冲击外汇储备量。与此同时，政府或者放弃盯住汇率制度，任其自由浮动，或者采取强有力的措施，增强限制外国资本自由进出本国资本市场的程度。无论哪一种方法，均会给本国经济的稳定增长及其吸引外资的能力带来一定的不良影响。

3.放松金融机构准入,加剧了金融业的竞争,监管松弛,增加了金融自由化过程中金融业的风险

放松金融机构准入包括放宽本国金融机构的开业限制和允许外资金融机构进入两个方面,这些措施加剧了金融业的竞争,降低了金融业的进入壁垒,从而使银行执照的特许权价值降低,银行管理风险的动力相应降低。如果在金融自由化过程中,缺乏足够的谨慎监管和监督措施,银行就可能通过各种途径从事高风险的业务,增加了金融体系的潜在风险。艾思利·德默格·昆特、恩瑞卡·笛特拉齐亚克分析了80个国家从1988年至1995年的银行财务数据,说明金融自由化降低了银行特许权价值,从而增加了银行的脆弱性。

4.一些银行类金融机构积累的大量不良资产降低了他们抵御风险的能力

这些金融机构积累的大量不良资产,暴露在金融自由化过程所形成的巨大风险之下,导致一些金融机构破产,同时也给宏观经济的稳定和发展带来消极影响。发展中国家,甚至包括一些发达国家,由于政府长期实行对银行信贷业务的行政干预,形成了大量不良贷款。虽然在政府的保护措施下,对银行流动性的威胁只是潜在的,一旦实行银行私有化,问题暴露,潜在的金融风险很容易突然转化成现实的金融风波乃至金融危机。在20世纪70年代拉美国家进行金融自由化时,由于经济波动加剧,许多私营企业发生财务困难,致使一些银行濒临破产。为此,一些国家采取扩张信贷的措施以拯救银行,但这些措施实施的同时又造成了宏观经济的不稳定,如通货膨胀的加剧。

亚洲国家以日本和韩国为典型,日本与韩国在第二次世界大战后均采取了政府直接干预银行贷款,以扶植企业、调整产业结构的经济政策。因此,两国的银行均有大量累积的呆坏账。从20世纪80年代开始,两国均实施金融自由化改革,政府对银行的干预减弱,对银行的保护程度也相应减弱。尽管政府采取了一些措施,如拨付资金冲抵呆账,但历史遗留的问题不可能彻底解决。这一时期,两国经济正处于高增长、低物价的黄金时期,银行对贷款中的新增呆账并未予以足够的重视,以致相当数量的贷款投入房地产。20世纪90年代初,日本经济增长速度减慢,经济泡沫破灭,银行呆账问题日益明显。紧随其后,1997年,韩国银行的呆账问题也受到了世人的关注。当东南亚金融危机袭来并翻转北上之际,日本、韩国无不为脆弱的银行体系所累,纷纷出现了大银行倒闭的金融危机,对国内经济产生了巨大冲击。

五、金融自由化改革的经验和教训

金融自由化改革的进展状况是相当不平衡的。在已经进行的改革中，既有成功的经验，也有失败的教训。世界银行的一份报告总结的主要教训有以下几点：

（1）以金融自由化为基本内容的改革一定要有稳定的宏观经济背景。在那些宏观经济不稳定的国家里，实行金融自由化政策，高的通货膨胀率容易导致高利率和实际汇率大幅度浮动，从而使得资金出现不规则的流动，进而引起许多企业和银行的破产。只有创造稳定的宏观经济环境，金融改革才能避免上述种种经济不安定状况的出现。

（2）金融自由化改革必须与价格改革或自由定价机制相配合。假如一国的价格仍然是保护价格或管制价格，在这种价格信号扭曲的条件下实行金融自由化，资金流动就会被错误的价格信号所误导，结果就会出现新的资源配置结构失调。

（3）金融自由化改革并不是要完全取消政府的直接干预，而是改变直接干预的方式。具体地说，就是要以法律和规章的干预取代人为的行政干预。从一些国家金融改革的经验看，改革的一项主要内容就是放松对金融体系的管制。但在放松管制的过程中若不注意建立一套适合本国国情的谨慎的管理制度，就会在信贷的分配方面出现失控或营私舞弊等现象，情况严重时会致使许多银行丧失清偿能力并面临破产威胁。

（4）政府当局在推行金融自由化改革和价格改革政策时，必须预先判断出相对价格变动对不同集团利益的影响，并出于公平原则和政治均衡要求的考虑，适当采用经济补偿手段。金融自由化措施实行后，利率和汇率变动会引起各行业和企业集团利益关系的变动。这种相对价格和利益的调整虽然从长期来看是完全必要的，不过政府当局也应该采取一些可行的过渡措施，以减轻社会震荡。

经历过金融自由化和金融危机的起伏跌宕之后，人们应该认识到，关于只要实行金融自由化即可使发展中国家金融压抑所导致的成堆问题得以解决的论断，是过分简单化、理想化了。广大发展中国家在金融自由化的大趋势中，一方面不能因循守旧、自我封闭，以致在国际金融大舞台上处于被淘汰的地位；另一方面，金融自由化的路该如何走，需要十分冷静地审时度势。在认识到自身经济运行的微观基础、市场条件、国家财力等多方面同发达国家存在巨大差距的条件下，发展中国家不能盲目、简单地照抄、照搬发达国家的具体做法。

第四章 金融经济风险管理

第一节 金融体系主要风险概念及类别划分

一、市场风险的概念及分类

（一）市场风险的概念

商业银行市场风险管理最早体现于巴塞尔协议，随着实践的不断发展，学术界将其定义为：由于未来的利率、汇率、股票价格和商品价格无法预测的变动，可能对资产价值产生不利影响。由于市场中相关价格波动是随机的、持续性的、难以预测的，所以会给资产组合带来市场风险。

由于我国政策不允许商业银行在二级市场买卖商品实物和期货交易，所以商业银行所面临的商品价格波动可以忽略，而受利率市场化、汇率大幅波动、股票价格大幅波动的影响，商业银行面临的这三项风险比较大。所以本节对商业银行所面临的市场风险分别从利率、汇率、股票价格这三个方面展开叙述。

（二）市场风险的分类

市场风险可以分为利率风险、汇率风险（包括黄金）、股票价格风险和商品价格风险，分别是指由于利率、汇率、股票价格和商品价格的不利变动所带来的风险。其中，利率风险尤为重要，受到商业银行和保险公司的高度重视。利率风险按照来源的不同，可以分为重新定价风险、收益率曲线风险、基准风险和期权性风险。保险公司的利率风险中还包含资产负债不匹配风险。

1. 利率风险

利率风险是指市场利率变化导致具体资金交易或信贷的价格波动使投资者可能遭受的损失。换句话说，利率风险意味着金融机构将面临潜在的收益减少或者损失。利率风险的产生主要有以下几种情况。

一是资产转换过程中的资产与负债到期日不匹配。资产转换是金融机构的关键特殊功能，包括买入基础证券和卖出二级证券。由金融机构买入的基础证券与其卖出的二级证券相比，常有不同的期限和流动性特征。如果作为金融机构资产转换功能一部分的资产与负债的到期日匹配不当，它们就有可能把自己暴露于利率风险中。一般来说，只要金融机构持有比负债期限长的资产，都有再借款成本高于资产投资收益的可能，即再融资风险。

二是金融机构借款的期限长于其投资资产的期限。在这种情况下，金融机构会产生再投资风险，即由于持有资产的期限短于负债的期限，金融机构面临以不确定的利率把借来的长期资金再投资的风险，即再投资的产品收益率可能低于首次投资的产品收益率的风险，使得潜在收益减少。近几年，关于这方面风险敞口的典型例子是银行在欧洲市场上的运作，它们以固定利率吸收存款，同时以浮动利率贷款。利率风险会引发市场价值风险。

三是除了在利率变动时有潜在的再融资或再投资风险外，金融机构还要面临市场价值风险。一项资产或负债的市场价值，在理论上应等于资产被折现后的未来现金流量。利率的上升会提高这些现金流的折现率，从而降低该资产或负债的市场价值；相反，利率降低会提高资产或负债的市场价值。此外，若持有的资产到期期限长于负债的期限，则意味着利率上升时，金融机构持有的资产，其市场价值下降的数值会大于负债下降的数值。这样，金融机构会有遭受经济损失和清算的风险。

基于以上特点，以及利率风险对数理模型的高度依赖，故而在金融机构中，利率风险一般被交由资产负债管理部门管理，通过资产负债匹配来调整利率期限结构，从而对利率风险进行管理。但利率风险作为最重要的市场风险之一，应当纳入全面风险管理体系之中，而非各行其是。

目前，我国金融机构面临的利率风险主要存在于债权投资业务中。商业银行、证券公司、基金公司、保险公司以及信托公司等广大金融机构大都获准经营债权投资业务，而债权投资业务面对的货币市场业已成为我国市场化程度最高的金融市场，拆借利率和债券回购利率已经成为我国最为市场化的利率，给参与其中的金融机构带来了一定的利率风险。

2.汇率风险

汇率风险是指一个经济实体或个人，在国际经济、贸易、金融等活动中以外币计价的资产或负债因外汇汇率的变动而引起价值上升或下跌造成的损益。具体来说，汇率风险包括以下三种类型。

一是交易风险，是指汇率变化前未清偿的金融债务在汇率变化后结账时，这些金融债务的价值发生变化所造成的风险。交易风险涉及公司将来自身商业债务的现金流变化。

二是经营风险，是指由未预料到的汇率变化所引起的公司未来现金流的改变，从而使公司的市场价值发生变化所造成的风险。价值上的变化取决于汇率变化对未来销售量、价格和成本的影响程度。

三是折算风险，有时称为账户风险，是为了合并子母公司的财务报表，将用外币记账的外国子公司的财务报表转变为用单一母公司所在国货币重新做账时，导致在账户上股东权益项目的潜在变化所造成的风险。

3.股票价格风险

股票价格风险是指源于股票等有价证券价格变动而导致投资主体亏损或收益的不确定性，也可称为证券投资风险。从风险产生的根源来看，证券投资风险可以分为企业风险、货币市场风险、市场价格风险和购买力风险；从风险与收益的关系来看，证券投资风险可以分为系统性风险和非系统性风险两种。

4.商品价格风险

商品价格风险是指源于大宗商品合约价值的变动（包括农产品、金属和能源产品）而可能导致亏损或收益的不确定性。应该注意的是，与以上金融产品不同，商品"入账"交易通常会产生成本，因为商品合约要设定交割的形式和地点，比如锌的合约中会规定用于交割的锌块的纯度、形状和仓库地址等。在远期合约定价中，运输、储藏和保险等费用都将是影响因素。不同于金融产品，在商品市场中现货或远期合约套利会受到一定限制，无法做到完全的无成本套利。在汇总风险头寸时，必须谨慎考虑套利的限制对风险测度的影响，不管是在不同时间水平之间、不同交割地点之间，还是在不同交割等级之间。这些方面的误配是商品风险敞口的显著因素，风险管理者应该检查商品风险有没有被那些隐藏风险的交割时间、地点或其他交割因素间的头寸集聚所低估。

二、信用风险的概念及分类

（一）信用风险的概念

信用风险是指债务人或交易对手未能履行合约所规定的义务,或信用质量发生变化而影响金融产品价值,从而给债权人或金融产品持有人造成经济损失的风险。在商业银行中信用风险主要存在于授信业务中。《人身保险公司全面风险管理实施指引》中的信用风险的定义是"由于债务人或交易对手不能履行或不能按时履行其合同义务,或者信用状况的不利变动而导致的风险"。该定义与国际公认的信用风险的定义一致。

信用风险有狭义与广义之分。狭义的信用风险是指因交易对手无力履行合约而造成经济损失的风险,即违约风险;广义的信用风险则是指由于各种不确定因素对银行信用的影响,使银行等金融机构经营的实际收益结果与预期目标发生背离,从而导致金融机构在经营活动中遭受损失或获取额外收益的一种可能性。狭义的信用风险属于单侧风险范畴,而广义的信用风险则属于双侧风险,更符合风险的本质,但在实务当中主要采用狭义的定义。

随着现代经济的发展,以合约为基础进行生产或交易已普遍存在,以保证经济有序进行。同时,以银行信用为主导的信用制度已经成为左右经济运行的关键因素,经济中的风险也愈加体现在信用风险当中。可以说,在现代经济中,只要信用关系存在,则信用风险恒在。信用风险的大小与金融机构在信用活动中所使用的信用工具的特征和信用条件的优劣紧密相关。

（二）信用风险的分类

信用风险是一种非常复杂的风险,根据其成因可以分为违约风险、交易对手风险、信用转移风险、可归因于信用风险的结算风险等主要形式。

违约风险是指有价证券发行人在证券到期时无法还本付息而使投资者遭受损失的风险,它通常针对债券而言。违约风险蕴含于所有需要到期还本付息的证券当中。

交易对手风险是指交易对手未能履行契约中的义务而造成经济损失的风险。

银行实务中产生交易对手风险的主要业务类型有以下几种。

一是持有头寸的结算交易,一般指银行与交易对手之间约定以债券、证券、商品、外汇、现金或其他金融工具、商品进行交易。

二是证券融资业务，一般包括回购、逆回购、证券借贷。

三是借贷交易，即通过向银行贷款来购买、销售、持有或交易证券。

四是场外衍生工具交易，指银行与交易对手在交易所以外进行的各类衍生工具交易，如外汇、利率、股权，以及商品的远期、互换、期权等交易合约和信贷衍生工具等交易合约。

违约风险和交易对手风险是客观存在的，不以证券发行人或交易对手的经济状况、还款意愿为转移。从理论上讲，每一个经济体中的自然人与法人均会存在一个违约概率，且该违约概率应恒大于 0、小于 1。广义的交易对手也包含证券的发行者。

信用转移风险是指债务人的信用评级在风险期内由当前评级状态转移至其他所有评级状态的概率或可能性。该风险主要通过信用转移矩阵管理。著名的量化信用风险评价模型建立在信用转移矩阵的基础上，对信用转移风险进行测量。

可归因于信用风险的结算风险，是指因为交易对手的信用原因导致转账系统中的结算不能按预期发生的风险。赫斯塔特风险即为此类风险的典型。

信用风险按照发生的主体可以分为金融机构业务信用风险和金融机构自身信用风险。而金融机构业务信用风险又包括金融机构信贷过程中的信用风险和交易过程中的信用风险。金融机构自身的信用风险是在金融机构日常的经营管理中，由于内控机制不严而导致的信用风险。

信用风险按照性质可以分为主观信用风险和客观信用风险。主观信用风险是指交易对手的履约意愿出现了问题，即因主观因素形成的信用风险，这主要由交易对手的品格决定。这种信用风险在某些场合被称为道德风险。客观信用风险是指交易对手的履约能力出现问题，也可以说是由于客观因素形成的信用风险。这里的交易对手既可以是个人或企业，也可以是主权国家。

无论是哪种具体类别的信用风险，都具有以下共同特点。

一是信用风险的概率分布为非正态分布。常态来看，债务人违约属于小概率事件，但因为金融机构，尤其是银行的债务人非常集中，这就造成了债权人收益和损失的不对称，造成了信用风险概率分布的偏离。故而信用风险的分布是非对称的，收益分布曲线的一端向左下倾斜，并在左侧出现肥尾现象。

二是道德风险和信息不对称是信用风险形成的重要因素。信用交易活动存在明显的信息不对称现象，即交易的双方对交易信息的获取是不对等的。一般情况下，受信人因为掌握更多的交易信息,从而处于有利地位。而授信人所拥有的信息较少,处于不利的地位,这就会产生所谓的道德风险问题,使得道德风险成为信用风险的一个重要因素。此外,受信人可能为了获取对其更为有利的信贷条件,而贿赂或与授信人的办事人员勾结,导致授信人获取的信用信息严重失真。实证结果已多次证明,受信人在经济状况趋向恶劣、违约无可避免时,更倾向于将银行授信提取使用,使银行对其信用风险敞口进一步放大。与之相对的是,其他经济风险,如市场风险,由于交易双方的交易信息基本是对等的,因而道德风险在其形成过程中起到的作用不这么明显。

三是信用风险具有明显的非系统性风险的特征。虽然信用风险也会受到宏观经济环境如经济危机等系统性风险的影响,但在更大程度上还是由个体因素决定的,如贷款投资方向、受信对象经营管理能力、财务状况甚至还款意愿等,信用风险具有明显的非系统风险特征。

四是信用风险难以进行准确的测量。由于贷款等信用产品的流动性差、缺乏高度发达的二级市场,从而为各种数理统计模型的使用带来了不便。加之信息不对称,使直接观察信用风险的变化较为困难。另外,由于贷款等信用产品的持有期限较长,即便到期时发生了违约,能够观察到的数据也非常少,因而不易获取。故而在实务中,相当多的金融机构将逾期的数据处理后,与违约数据放在一起,对信用风险进行测量。

三、操作风险的概念及分类

(一)操作风险的概念

业界对操作风险的定义有狭义和广义两种,广义上的定义认为除信用风险和市场风险以外的所有风险,都属于操作风险,这种定义涵盖范围较宽,定义简单,但由于未给出任何定义性或描述性的字眼,对操作风险的识别、衡量和管理意义不大。但该种定义只是在 1999 年出版的巴塞尔协议 II 首次征求意见稿中提出,便马上遭到普遍反对。狭义的定义则有多种。

尽管不同机构对操作风险的定义还存在一定的分歧,但是业界对操作风险应包括的基本内容已达成一定的共识,以巴塞尔协议 II 2001 年第二稿之后对操作风险的定义为主要代表:操作风险是指金融机构由于人员失误、外部事件或内部流程及控制系统发生的不利变动而可能遭受的损失。《人身保险公司全面风险管理实施指引》中的定义则是：操作风险，是指由于不完善的内部操作流程、人员、系统或外部事件而导致直接或间接损失的风险，包括法律及监管合规风险。

在国际范围内，公认操作风险具有以下主要表现形式：内部欺诈、外部欺诈、雇员活动和工作场所安全性，客户、产品及业务活动，实物资产损坏，营业中断和信息技术系统瘫痪，执行、交割和流程管理中出现的操作性问题。

对操作风险可以这样理解：①关注内部操作，内部操作就是金融机构及其员工的作为或不作为，金融机构能够并应该对其施加影响；②人员品质和人员失误起决定性作用；③外部事件是指自然、政治、军事事件、技术设备的缺陷，以及法律、税收和监管方面的变化；④内部控制系统具有重要影响。

操作风险存在于金融业的各个方面，具有普遍性。此外，不同于信用风险、市场风险的是，操作风险仅为下侧风险，银行并不会因承担该风险而获得潜在盈利，因此对它的管理策略应该是在一定的管理成本约束下，尽可能降低它。

相对于银行对信用风险的重视，直到20世纪90年代以后，随着以巴林银行的倒闭为代表的国内外金融要案的频繁发生，对操作风险进行有效度量与管理才成为人们关注的话题之一。其实操作风险并不是一个新生事物，它从金融机构诞生之始便一直存在，确切地说，它蕴含于所有组织的所有操作之中。但是，与信用风险和市场风险相反，操作风险通常不是主动产生的，往往不易辨别也不能分散，而是存在于各类业务单元和业务当中。在一个流动的交易市场中，操作风险是不会得到根本性消除或规避的。更重要的是，任何完备的体系和IT（information technology，信息技术）系统，毕竟还是要由人来操作的，而人在不确定的时间出现不确定的失误造成不确定的损失，这样的情况是确定的。在金融界中，交易员因操作失误而导致大盘失控的事故称为"肥手指综合征"，即交易员或经纪人在输入指令时敲错键盘。

随着现代世界经济一体化、金融市场全球化的发展，银行及其他金融机构面临的竞争压力不断加大，金融产品尤其是金融衍生产品不断推出，网上银行、电子贸易等新交易模式开始出现，计算机信息技术迅猛发展，金融机构面临的风险越来越复杂并难以控制，由操作风险引发的金融案件频频发生，给整个金融界造成了巨大的损失。现在主要出现的金融业重大损失绝大多数都源于操作风险。操作风险以其单体即可造成巨额损失的特点引发了全球金融监管者、从业人士尤其是风险管理者的注意。但对于如何从完全意义上规避该类事件的发生，尤其是如何规避不同岗位之间的合谋等风险事件，业界仍然缺乏好的解决方案。

为遏制金融操作风险案件蔓延的势头，1998年巴塞尔银行监管委员会公布了关于操作风险管理的咨询文件，随后在1999年6月、2001年1月、2003年4月三次提出征求意见稿，并于2004年6月在最终颁布的巴塞尔协议Ⅱ中，相较于1988年巴塞尔协议Ⅰ，首次将操作风险与信用风险、市场风险并列为当今金融机构所面临的三大风险，并要求将操作风险作为独立的范畴纳入银行风险管理框架，要求各金融机构为操作风险配置相应的资本金。这对于有效地监管操作风险，以及提高金融机构，尤其是银行对操作风险的重视起到重要作用。但它在测度操作风险对应的监管资本的模型方面仍然与信用风险、市场风险相差尚远，显得较为粗糙。现在，一个广泛得到全球风险管理者认可的观点就是：对于操作风险的测度，更多的是一种艺术而非科学。

操作风险管理是对操作风险进行积极评估、监控、控制、缓释和报告的过程，是定期主动地评估风险、加强内部控制，是标准化的、系统化的管理而非随意性的管理，是对银行内部控制的深化。同时，操作风险管理以信息为基础，是成本分析的工具，是公司治理机制的要求。

总而言之，操作风险管理不是一项计划，而是贯穿于一个公司不懈和勤勉的管理过程。此外，现今的金融机构，更多依靠的是其中的职员以自身的行为反应提供服务。操作风险管理成功的关键要素是良好的管理和诚实、可信、经验丰富的员工。另外，因为操作风险存在于所有组织当中，故而金融机构的操作风险管理可以与非金融机构的操作风险管理相互参考、借鉴。

（二）操作风险的分类及特征

1.操作风险的分类

（1）按风险事故发生的频率和损失严重程度分为四类

第一，发生频率低、损失程度也低的操作风险事件。这些事件的损失一般属于预期内损失，金融机构可采取信用风险防范的"备抵法"，以风险准备金的形式预先扣除损失。

第二，发生频率高、损失程度低的损失事件。如计算错误、交易误差等。对于这些事件，可运用直接观察得到的客观数据，通过统计模型来评估，并通过流程再造、人员培训、建立风险报告系统等控制方式来控制风险水平，以降低损失发生的概率。

第三，发生频率低、损失程度高的事件。这些事件包括自然灾害、政治及军事事件、内外部欺诈、会计违规等。这类事件的发生往往不能预料且损失巨大，因为发生频率低，故而损失数据难以收集，所以很难用模型来进行评估。金融机构可通过业务外包、保险等风险转移或缓冲方式来有效管理，或者在参考外部数据的情况下运用极值理论测算并提取相应的准备金。

第四，风险发生频率高、损失程度也高的事件。这部分需要风险管理者高度关注，尽量做到在事前加以防范，一旦发生，则应及时采取措施加以控制。

（2）按操作风险发生原因分类

按操作风险发生原因分类的方法主要有"四类型法"。"四类型法"将操作风险分为内部操作流程的缺陷、人员因素、系统因素和外部事件四类。

第一，内部操作流程是指交易、结算及日常的业务操作过程，这方面的操作风险主要包括数据录入、评估资产、客户争端及客户资产损失等方面造成的风险损失。

第二，人员因素是指由于雇员及其相关人员有意或无意造成的损失或者因公司与其客户、股东、第三方或监管者之间的关系而造成的损失，包括歧视性交易、未授权交易、关联交易和内部欺诈。

第三，系统因素是指由于硬件、软件和通信系统发生故障，致使交易系统中断、延误、崩溃或发生偏差、程序错误，电脑病毒以及交易人员或风险管理者使用了错误的模型，或模型参数选择不当等造成的损失。

第四，外部事件是指由于第三方而造成的损失，如外部欺诈、撤资、监管的变化等使得业务发生变化，或者由自然灾害、恐怖袭击、勒索、信用卡欺诈、互联网犯罪等造成的损失。

（3）按操作风险的损失事件类型划分为七类

损失事件类型的定义来自巴塞尔银行监管委员会，损失事件类型是按照操作风险损失发生的事件因素来进行区分的，巴塞尔协议Ⅱ推荐的内部计量法和损失分布法均按此方法对操作风险进行分类。具体分为：内部欺诈；外部欺诈；雇员活动和工作场所安全性风险；客户、产品及业务活动中的操作性风险；实物资产损坏；营业中断和信息技术系统瘫痪；执行、交割和流程管理中的操作性风险。

2.操作风险的特征

通过以上对操作风险的分析，可以清晰地认识到，操作风险同时具有人为性、多样性、内生性、风险与收益的非对称性、关联性等特点。风险管理者只有掌握了其特点，才能做到有效认识和管理操作风险。

（1）操作风险具有人为性

由于操作风险主要来自金融机构的日常运营，人为因素在操作风险的形成原因中占了绝大部分。只要是与人员相关的业务，都存在操作风险。如果说市场风险来自金融市场上金融产品价格的波动，信用风险来自债务人的违约，那么大多数操作风险则来自有意或无意的金融机构内部的人为因素或失误。

（2）操作风险具有多样性

操作风险在组织中无处不在，并构成业务经营中重要的组成部分。从覆盖范围看，操作风险几乎覆盖了金融机构经营管理的所有方面。从业务流程看，它既包括后台业务、中间业务，又包括前台与客户面对面的服务；从风险的严重程度看，既包括工作疏忽、计算失误等小问题，又包括影响很大的内外部欺诈、盗用等恶性事件；从风险的主体看，既包括操作人员的日常操作性失误，也包括高层管理者的决策失误。因此，操作风险涵盖的范围很大。

（3）操作风险具有内生性

市场风险、信用风险一般为外生风险，是由于外部不确定性因素而引发的风险。而操作风险除自然灾害以及外部冲击等一些不可预测的意外事件外，大部分是内生风险，即由于金融机构内部不合规的操作因素引起。它的防范依赖于金融机构的结构、效率和控制能力。只要金融机构的业务没有中断，操作风险将永远存在，并成为业务经营中的重要组成部分，故而我们能对操作风险进行管理，而永远不能完全消除它。

（4）操作风险具有风险与收益的非对称性

信用风险和市场风险一般遵循高风险高收益、低风险低收益的特点，存在风险和收益的对应关系。但是操作风险则不然，没有任何金融机构能够因为长期、持续地承担操作风险而获得高收益，操作风险损失在多数情况下与收益的产生没有必然联系，即没有额外的收益与之对应。

（5）操作风险具有关联性

操作风险往往与信用风险、市场风险相生相伴，它会加大信用风险和市场风险的冲击力度。操作风险的大小与交易业务范围和规模联系密切，业务交易量大、规模大、结构变化迅速的业务领域受到操作风险冲击的可能性大，而一些业务品种单一、业务规模小、交易流程简单的业务领域受到操作风险冲击的可能性较小。

四、流动性风险的概念及分类

(一) 流动性风险的概念

流动性风险是金融机构经营管理过程中天然存在的最基本的风险种类之一,它主要是指经济主体由于金融资产流动性的不确定性变动而遭受经济损失的可能性。在商业银行系统内,流动性风险特指商业银行无力为负债的减少或资产的增加提供融资而造成损失或破产的风险。商业银行流动性风险的根源在于硬负债与软资产的不对称性,是流动性供给与流动性需求不匹配导致的。当流动性需求远远超过流动性供给时,就会发生流动性风险。

(二) 流动性风险的分类

流动性风险总体可分为内生性以及外生性两大类。商业银行将缺乏流动性的资产与高流动性的负债进行转换时,集中了整个社会的流动性冲击压力,故而流动性风险为商业银行内生性风险之一。一般来说,流动性风险常常是由其他原因造成的,如操作风险、信用风险和市场风险,还有管理和声誉问题、法律法规和执行困难等问题。当这些问题一起或某几种问题同时出现时,就会导致极其严重的风险。操作风险会导致日常业务流程的中断,也可能会影响现金流量,造成流动性方面的损失;信用风险可以引发流动性的问题,如签约方不能履行已签订合约的交易,比如一项衍生品或者贷款,则可能会导致流动性方面的亏损。市场风险如利率出现巨大变动而导致银行资产的损失巨大,造成现金短缺,同时筹资成本上升,使银行承受流动性损失风险。

从实际情况来看,银行的流动性危机往往是由外部冲击造成的,体现为外生性。外部力量,如系统性的市场危机、循环信用危机,或者发生诸如资本管制或债务延期偿付等重大事件,也可能使银行面临流动性方面的压力。原本风险管理水平很高的商业银行,可能因为外部的不利冲击所导致的流动性黑洞,从而突然出现流动性不足;而一个风险管理水平一般的公司,如果一直处在一种有利的市场环境中,流动性危机很可能不会展示出来。

流动性风险由资产流动性风险和融资流动性风险组成。欧洲银行监管委员会给出了以下定义。

资产流动性风险，也称为市场/产品流动性风险，是指资产头寸在市场深度不足或市场崩溃时，无法在不显著影响市场价格的情况下快速变现的风险。

融资流动性风险，是指金融机构在不遭受意外损失的情况下便无法筹资来偿还债务的风险。

总体来说，资产流动性取决于以下因素：一是市场条件。买卖价差越小、大额交易造成的市场冲击可很快恢复的反弹性越强，则流动性越好。二是变现时间范围。在不影响价格剧烈变动的情况下，变现所需时间越短，流动性越好。三是资产和证券类型。容易定价、交易活跃、近期发行的热门证券流动性更好。四是资产的可替代性。标准的、集中交易的合约，如期货或股票相对于场外交易的衍生工具更具可替代性，流动性更好。

融资流动性风险的发生主要有以下原因：无法预测的现金流量冲击；银行管理不善；负面印象和市场反应；金融系统性恐慌带来的流动性风险。

更糟糕的是，在某些情况下，在流动性风险发生时，资产流动性风险与融资流动性风险会接踵而至，金融机构为了满足外部监管的硬性要求而不得不进行融资，以便摆脱困境。然而，在不能快速、廉价地获取外部流动性支持时，金融机构便不得不快速使资产变现。在变卖资产数量较大时，便会造成市场价格剧烈下跌，从而引发市场上的绝大多数参与者同时做出卖出行为且不再买入，便会造成"流动性黑洞"，这会出现本来试图保证增加流动性的行为，结果却造成不断增加的融资成本和不断降低的融资弹性。在流动性黑洞出现后，每一次想获取现金来源的新的尝试都会加剧原有的危机，导致新的困难和更高的成本。在这个方面，银行挤兑就是很好的例子。

所谓的流动性黑洞，是指金融市场在短时间内骤然丧失流动性的一种现象。总体而言，金融机构多种多样，故而金融市场的流动性要求是多样性的。但银行和其他金融机构广泛采用基于类似模型或完全一致的计量模型，这导致系统会针对某种市场指标对不同的机构给出同一个指令，提示其买入或卖出。与此同时，金融行业整体监管放松等措施减少了市场参与者行为的多样性，使其行为愈加趋同，其后果是非常严重的。当金融机构从事市场交易时，由于外部环境变化、内部风险控制的需要以及监管机构的要求，会在某些时刻出现金融产品的大量抛售。而交易成员由于具有类似的投资组合、风险管理目标和交易心态，会同时存在大量抛售的需要，此时整个市场只有卖方没有买方，市场流动性骤然消失，被抛售资产的价格急速下跌与卖盘持续增加并存，又会进一步恶化流动性状况，流动性危机可以迅速升级为偿付危机，证券市场上出现了越来越多类似于

"银行挤兑"的事件。拥有上百亿元市场资本的企业可能在数日内变得失去偿付能力，最终出现流动性好像被市场和机构瞬间吸走殆尽一样，这种现象就被形象地称为"流动性黑洞"。

流动性黑洞理论认为，流动性的核心是金融市场的多样性，流动性黑洞的形成一般与市场规模没有必然的关系，而是与金融市场的多样性密切相关。一般而言，流动性黑洞在那些同质的市场，或者说，在那些信息、观点、头寸、投资组合、交易主体、风险管理缺乏多样化的市场中非常容易出现，而在那些存在较大差异性的市场中则会较少出现。

第二节　金融机构及企业风险管理

一、证券公司风险管理

（一）证券公司的风险类型

高风险是证券公司业务的固有特性。自从证券公司诞生以来，风险就渗透到证券公司业务的各个领域和各个环节。证券公司业务的多样性决定了证券公司所承担的风险也是多种多样的。但是，不失一般性，证券公司的风险也可以分为系统性风险和非系统性风险。同时，由于证券公司是区别于商业银行等其他金融机构的特殊金融机构，也决定了证券公司的风险表现形式具有其独特性，这些独特性与其开展的业务是息息相关的。

系统性风险也是宏观风险。系统性风险是指波及整个证券市场的风险，它主要来源于政治、经济以及社会环境的变化，这种风险是不可分散的。所谓的覆巢之下无完卵，实际上讲的就是系统性风险。非系统性风险则是指不同的证券公司面临的具体的各类风险，通常是由于证券公司在经营过程中决策失误、经营管理不善带来的各种风险。

根据国际证监会组织 1998 年的风险分类方式，证券公司的风险来源可分为市场风险、信用风险、操作风险、法律风险等。这是对证券公司风险更为细致的划分。

市场风险是指一个证券公司持有的投资头寸因为市场价格（如股价、利率、汇率等）

的不利变化而发生损失的风险。这种风险会导致公司利润或资本的损失。流动性风险是指持有金融产品的一方无法在合理价位迅速卖出或转移而产生的风险,或者是投资头寸无法提前解约或避险,或者即使可以提前解约也必须以与市价相差极大的差额执行。

信用风险是指因交易契约中的一方无法履行义务而产生的风险。信用风险也包括由于融资、交换契约、选择权等交易在结算时因为交易对手的违约而产生损失的风险。例如,证券公司购买的债券,其发行人不能按时还本付息,或者购买的股票,其上市公司违约引起严重的诉讼,这种信用风险又会转化为市场风险。

操作风险是指因交易或管理系统操作不当或缺乏必要的后台技术支持而引致的财务损失,具体包括:操作结算风险,是指由于定价、交易指令、结算和交易能力等方面的问题而导致的损失;技术风险,是指由于技术局限或硬件方面的问题,使公司不能有效、准确地收集、处理和传输信息所导致的损失;公司内部失控风险,是指由于超过风险限额而未被觉察、越权交易、交易部门或后台部门的欺诈而造成的风险,例如,由于账簿和交易记录不完整、缺乏基本的内部会计控制、职员业务操作技能的不熟练以及不稳定使本单位非系统操作人员或非管理人员易于进入电脑系统等原因而造成的风险。

法律风险是指交易契约因规范及法律意见不足、适度延伸法律解释,或者是业务行为偏差,使得契约无法顺利执行而导致损失的风险。其在形态上包括契约本身不可执行,或交易对手的越权行为。即法律风险包括可能使契约本身存在不合法性,以及契约当事人没有适当授权等情况。

我国证券公司的经营状况对证券市场行情及其走势有较强的依赖性,如果证券市场行情下跌,证券公司的承销、自营、经纪和资产管理等业务的经营难度将会增大,盈利水平可能会大幅度下降。证券市场行情受国民经济发展速度、宏观经济政策、利率、汇率、行业发展状况以及投资心理等诸多因素影响,存在一定的不确定性,证券公司存在因证券市场波动而导致收入和利润不稳定的风险。

(二)证券公司风险管理的理念及目标、组织与实施

1.证券公司风险管理的理念及目标

健全证券公司的风险管理体系,完善其风险管理制度,以有效防范和控制证券公司风险是促进证券业规范、稳健、高效、有序发展的必要条件。证券公司必须有科学的风险管理理念、切合实际的管理目标和行之有效的风险管理组织,坚持稳健经营、规范管

理的经营原则，始终把风险控制放在业务发展的第一位，高度重视健全内部控制体系和风险防范机制。

证券公司的风险管理方法有很多，目前国际金融界应用比较广泛的是全面风险管理。证券公司的全面风险管理就是指风险管理策略、过程、基础设施和环境之间的融合。这里的策略是指公司的商业任务和策略、风险策略、价值命题；过程是指风险管理结构化的控制活动周期，一般包括风险意识、风险评估、操作、测量和控制、估值等环节；基础设施构成风险管理框架的基础，为有效执行风险管理过程提供支持，包括独立的风险管理中心、正式的风险管理制度和程序、风险测量方法、最大风险承受水平、报告交流情况和信息技术等；环境是指风险管理框架周围的环境，包括企业文化、人事培训与交流等。

对证券公司面临的金融风险进行有效的监控与管理，可以促进整个金融体系的稳定。证券公司风险管理的目标就是：保护证券公司免受市场风险、信用风险、操作风险以及法律风险等的冲击；保护整个金融行业免受系统性风险的冲击；保护证券公司的客户免受大的非市场损失，例如，因公司倒闭、盗用、欺诈等造成的损失；保护证券公司免受信誉风险。

2.证券公司风险管理的组织与实施

在经济和商业动力的驱使下，证券公司应当建立、健全风险管理系统，完善风险控制机制。如果没有这些内部控制措施，证券公司将无法承受风险的打击。健全而有效的风险管理及控制可以促进证券公司和证券业的平稳、健康运行，增强广大投资者的信心，从而活跃股市交易。近年来，因风险管理及控制系统瘫痪或执行不当引发的多起风险事件，有力地说明了健全、有效的风险管理及控制系统在防范化解风险方面所起的重要作用。

（1）健全内部控制机制

良好的内部控制是证券公司风险管理工作的基础。公司只有在做好内部控制工作后，才能真正发挥出风险管理工作的作用。例如，数据工作是风险管理的基础，公司只有建立了良好的内部控制机制，风险管理工作才有可能收集到真实、完整的数据，才能正常运行。也只有建立了完善的内部控制机制，证券公司才能够对风险做到早发现、及时发现，从而及时地采取有效措施予以控制。

（2）风险管理机构

证券公司应建立独立的且权责明确的风险管理机构，全面负责风险管理工作。风险管理机构应该向证券公司最高层负责，具有较高的独立性，配备合格的人员，能够对风险进行计量、评估，及时发现风险和采取切实有效的措施进行控制。现在，证券公司专门的风险管理机构一般叫作风险控制委员会，它是由证券公司的一些高级经理人员组成的，定期就风险因素进行讨论和提交风险控制与管理报告。除此之外，证券公司的内部审计机构也是风险管理的一个重要机构。内部审计就是指及时对公司各个业务部门进行财务审计，及时发现公司经营中存在的问题。

（3）应用数学模型

数学模型的应用是近年来风险管理工作的重要进步。通过应用数学模型，对风险进行明确的定量分析，可以大幅提高风险管理的水平，为公司管理和决策提供有力的科学依据。我国证券公司在风险管理中应用数学模型成功的例子很少，在这方面需要特别加强。利用数学模型来测量和评估市场风险已成为世界范围内众多金融机构风险管理的要点，风险管理几乎成了风险测量的同义词。而美林公司认为，风险管理数学模型的使用只能增加可靠性，不能提供保证，对这些数学模型的依赖是比较有限的。

事实上，由于风险管理的数学模型不能精确地将重大金融事件予以量化，所以，美林公司只将其作为其他风险管理工作的补充。美林公司认为，一种金融产品的主要风险不是产品本身，而是产品管理的方式。不论金融产品是什么，或使用哪一种风险管理的数学模型，只要违反法律法规或出现监管上的失误，都会导致损失。与美林公司相比，摩根士丹利则认为，风险是投资银行业务的固有特性，与投资银行相伴而生。投资银行在经营活动中会涉及各种各样的风险，如何适当而有效地识别、计量、评价和控制每一种风险，对其经营业绩和长期发展来说关系重大。公司的风险管理是一个多方面的问题，是一个与有关的专业产品和市场不断地进行信息交流，并做出评价的独立监管过程。

（三）证券公司优化风险管理的措施

1.风险管理意识普遍化

要想强化风险管理意识，证券公司由上至下每个人不仅需要了解风险的来源及表现，更要明白其严重性。风险管理工作需要全体员工的自觉维护，并不是单纯依靠风险管理部门所建立的管理制度与监督机制。一方面，证券公司应该重视风险管理，加深对风险管理的认识以及了解并更新风险管理的方式和手段，适当宣传风险管理文化，树立风险管理意识，让其成为企业文化的重要组成部分，为促进风险管理体系的稳定运行提供可能。另一方面，公司应当加强员工的风险教育，将风险意识贯穿于公司内部，让员工了解不管身处何种岗位，都与风险管理密不可分，为风险警示制度的建立打下良好基础，贯彻风险管理制度。

2.完善公司的治理结构

证券公司不完善的治理结构会影响公司的积极发展。完善治理结构的重要一步便是适当分散股权结构。然而分散股权结构并非一朝一夕就能完成的事情，需要公司将自身情况与市场情况相结合，同时又要适应我国特殊国情，考虑分析出最合适的股权比例。在此基础上，再授予各层人员相应的权限，防止出现绝对控股的情况。

3.优化风险管理框架

一是增强公司监督机制的独立性。一方面，需要增强董事的独立性，明确其选择机制，避免公司内部董事在意见表决时发挥过大的影响力；另一方面，风险控制部门应该与其他部门相互独立，风险控制部门人员的组成应为相关技术人员以及高端风险管理人才，且该部门不再受管理层直接领导，从而最大限度地发挥其执行能力。

二是调整风险管理组织。对于部门人员的缺乏，公司应该极其重视并加大对于风险管理的资源投入，及时了解该部门的要求，吸引大量风险管理人才，弥补风险管理部门的不足，以此促进公司的快速发展。无论是资源的缺乏，还是协调能力的不足，均反映了风险管理部门在公司内部缺乏权威性。权威性的缺失，使得风险管理部门的能力受到限制，不能明确向公司表达切实需要。除权威性以外，风险管理部门还应该具有系统性与可操作性，如此才能建立健全高效的风险管理组织，用以防范和解决公司所面临的各项风险。

三是提高风险管理部门的技术水平。众所周知，证券行业是一个信息化程度较高的行业，适逢当今互联网时代，信息化技术的运用日益广泛，在此背景下，证券公司应积极搭建风险管理信息平台，引进先进风险管理技术，实施远程实时风险监控，防范风险并加强内部控制。当然，进一步完善该平台更为重要。完善平台需要为其增加风险控制模型。在增加各种风险控制模型的同时，也要完善各模型下的预警功能与测试功能，为建立一个功能齐全且具有科学性的风险管理信息系统提供保障。在此基础上，各证券公司作为个体，应合理有效地利用网络完成产品的设计开发、各项数据分析等工作，并结合市场发展，支持开拓创新，实现证券公司信息化与安全化共同发展。

4.制定严格的管理制度

随着风险管理地位日益提升,风险管理制度的必要性显而易见,不少证券公司制定的风险管理制度虽相对完善,但是仍需要进一步规范化。首先,各证券公司所制定的风险管理方案不能一成不变,需要根据市场以及公司自身发展前景而不断调整;其次,应制定风险应急机制,提高风险预警准确度,加强风险防范,减小风险造成的危害;最后,明确风险管理需要全公司的配合,各部门应当充分利用自身职权积极完成风险管理任务,以促进公司稳定快速地发展。

二、商业银行风险管理

在商业银行经营管理的过程中,风险贯穿始终。商业银行经营管理的核心就是风险管理。笔者将重点介绍商业银行经营中面临的各种风险以及银行的风险管理体系。

(一)商业银行面临的各种风险

商业银行面临的风险是多方面、多层面、全方位的,既有来自外部的风险,又有来自内部的风险。

1.外部风险

信用风险,是指合同的一方不履行义务的可能性,包括贷款、掉期、期权交易及在结算过程中因交易对手不能或不愿履行合约承诺而使银行遭受的潜在损失。

市场风险,是指因市场波动而导致商业银行某一头寸或组合遭受损失的可能性。

法律风险,是指由于合约在法律范围内无效而无法履行,或者合约订立不当等原因引起的风险。法律风险主要发生在场外交易中,多由金融创新引发法律滞后而致。有些金融衍生工具的创设就是从规避法律的管制开始的。

2.内部风险

财务风险,主要表现在资本金严重不足和经营利润虚盈实亏两个方面。一方面,目前有些银行资产增长速度远高于资本增长速度,资本充足率进一步下降;另一方面,自财务体制改革以来,将大量的应收未收利息作为收入反映,夸大了银行的盈利。

流动性风险,是指银行用于即时支付的流动资产不足,不能满足支付需要,使银行丧失了清偿能力的风险。

内部管理风险,即银行内部的制度建设及落实情况不力而形成的风险。由于部分管理人员思想麻痹,员工素质参差不齐,执行规章制度不到位,给银行造成了很大的安全隐患,经济案件时有发生。

(二)商业银行全面风险管理体系

商业银行全面风险管理体系由相互联系的八个模块(要素)组成。各模块的具体内容如下所述。

1.风险管理环境

风险管理环境是全面风险管理的基础,具体包括银行价值取向、管理风格、风险管理组织结构、风险管理文化等。其中,风险管理文化是全面风险管理的核心,它能够影响目标设定、风险识别和评估、风险处置等各个层面的活动;风险管理组织结构是全面风险管理得以实施的组织保障和支撑,风险管理职能必须保持一定的独立性。

2.风险管理目标与政策设定

风险管理必须能为银行管理层提供一种设定目标的科学程序,银行要将风险管理的要求贯穿于银行各项目标之中,通过选定风险偏好和风险容忍度,制定明确统一的风险管理政策,包括信用风险管理政策、市场风险管理政策、操作风险管理政策等,以实现风险管理和银行目标的紧密结合。

3.风险监测与识别

风险监测与识别包括通过贷后管理来监测和识别客户信用风险,通过跟踪国家宏观政策、行业状况、金融市场以及监管法规等有关情况识别市场风险和操作风险。对风险进行识别是准确度量风险的前提,银行必须通过监测系统保持对内外部事件的敏锐性,首先做出事件是否会产生风险、是什么类型风险的判断,才能对风险程度和大小进行分析,并在此基础上进行风险预警和处置。

4.风险评估

风险评估可从定性分析和定量分析两个方面进行,但《新巴塞尔资本协议》颁布之后,风险测度偏重定量分析,要求尽量将数据量化以确定受险程度。在建立信用风险内部评级系统的基础上,银行应同样以 VaR(value at risk,风险价值法)为核心度量方法建立市场风险评估系统,并努力将操作风险的内部计量法包括进来,建立一体化的风险管理体系,使风险分析的结果能相互比较以利于决策,在不同业务间合理地配置经济资本。

5. 风险定价与处置

对于预期到的风险,银行可通过风险定价和适度的储备来抵御;对于非预期到的风险,银行必须通过资本管理来提供保护;对于异常风险,银行可采取保险等手段解决。银行可以通过资产组合管理来消除非系统性风险,通过兼并来吸收风险,通过辛迪加贷款来分散风险,通过贷款出售、资产证券化等手段转移风险,通过衍生交易来对冲风险。

6. 内部控制

银行应建立健全的内部控制体系以防范操作风险,通过制定和实施一系列制度、程序和方法,对风险进行事前防范、事中控制、事后监督和纠正,以确保国家法律规定和商业银行内部规章制度得到贯彻执行,确保操作的规范性。

7. 风险信息处理和报告

银行应建立包括信贷信息、操作风险损失、市场风险信息等在内的数据库,通过信息处理系统保持数据库的更新,及时反映内外部风险信息等。银行要建立科学灵敏的风险报告制度,对银行的风险现状进行汇总、分析,对各种风险管理政策的实施效果进行分析,形成定期、不定期的综合及专题报告,按照一定程序报送各级风险决策机构;要针对不同类型的风险来区分不同的报告渠道和进行风险报告的职责分工。

8. 后评价和持续改进

银行风险管理部门应该对全行规章制度、信贷管理流程、风险管理流程的执行情况进行后评价,并建立相应的授权调整和问责制度,确保风险管理体系的运行。同时,风险管理部门应根据外部环境、监管当局的要求以及后评价中发现的问题,对风险管理体系中的有关内容提出调整和完善意见,由银行决策层对全面风险管理体系进行持续改进。

(三) 我国商业银行风险管理对策

1. 建立良好的风险管理文化和理念

应加强风险管理企业文化建设,它是各商业银行最容易轻视但又最不可缺少的企业文化。董事管理人员需要明确各种风险危害,定期组织风险管理教育活动,对员工进行风险管理的文化宣传普及,增强员工的风险管理意识,让管理工作人员对风险管理有所了解,使员工树立重视风险管理的观念。各大商业银行应该把风险管理的理念扩散到银行的各个环节，把银行本身的企业文化与其相互融合发展，增强自己的企业内外在文化，提高银行企业整体的风险管理文化水平。

2.建立高素质的风险管理队伍

商业银行要对企业风险管理人员进行严格筛选，对每个工作人员都要了解，对不适合本职位的工作人员进行辞退，完善银行企业的考核标准，打造一个具有素质高、能力强的风险管理专业队伍，让我国的商业银行长期稳定地发展，使商业银行的基础更加牢固。

3.改进企业信用状况

一是国家需要形成健全的管理制度，使商业银行的市场规范化，提高政府的信用度，促使商业银行树立功德意识、信用意识，强调信用的重要性，打造一个公平规范的市场信用环境。

二是制定相关的法律法规，对市场信用体系进行完善，使用法律法规对银行市场进行监督规范。全社会共同监督审查，实施举报有奖机制，加大奖励措施，有错必罚，有功必赏，鼓励商业银行进行诚信经营，培养自己的信用体系。

三是加强信息交流。现在的商业银行机构之间的信息不流通，市场没有流动性，信息过于单一，严重限制各商业银行的发展。应当建立一个商业银行服务中心，向各大商业银行提供其所需要的信息资源。国家建设商业银行登记信用信息平台，对其信用信息进行评价分级，改变目前信用系统乱而不统一的局面，对银行进行实时监控，全社会共同监督，打造一个全新的信用环境，促进各大商业银行进行积极发展。

近年来，我国的经济快速发展，对银行员工的业务能力要求也更加严格，要求其有较为丰富的风险管理知识，具有更强的操作电脑和处理数据的能力，紧跟时代脚步。我国应对银行工作人员定期地开展专业技能培训，培养和挖掘相应人才，打造人才后备力量，时刻补充团队，实行奖励措施，激发人们的工作积极性，保证人才不会流失，扩大商业银行风险管理的人才队伍，完善银行内部员工的晋升通道，赋予员工努力的动力与向上的力量；完善政府的监督制度，实行信用体系，全社会与各大企业共同监督，提高商业银行的自身发展潜力，打造公开、公正的良好市场环境。

三、企业金融风险管理

（一）企业金融风险种类分析

1.受国内、国外市场环境影响而形成的市场风险

由于市场环境具有不稳定的特征，受不同市场环境影响的企业经营效益会有所差别。受市场波动而产生的价格的升高或者产品销量的下降等因素影响，企业的盈利会下降。而且，如果企业没有及时根据市场需求变化做出产品销售计划的调整以及产品创新升级等，也会导致企业在不断变化的市场环境中减弱自身的竞争优势，从而难以长期持久地发展。另外，受系统风险的影响，在国内外发生通货膨胀时，物价上升带来本币贬值，国民经济衰退，使得消费者的消费能力下降，企业面临着产品的销售危机以及销售成本提高的风险。这一风险被认为是系统风险，也会增加企业的金融风险管理压力。

2.使得实际收益低于企业预期收益的利率风险

市场环境的变化也会对利率产生影响，对于其中的重新定价风险，当企业中的资产负债等项目重新定价的日期与其到期日不匹配时，就会基于浮动利率与固定利率的差异影响进行重新定价，由于利率的变化，如利率较大幅度地下降，就会对企业形成利率风险；对于其中的选择权风险，即期权风险，企业的客户没有充分认识到自身所存在的期权风险，这将给企业的运营带来潜在的金融风险；对于其中的收益率风险，企业在有了收益率的基准后，通常是无风险的国债利率，受经济周期或其他经济因素的影响，收益率曲线的斜率或者形状可能会发生改变，会使得企业内部在一定时期产生收益率风险。

3.汇率变动给企业带来的汇率风险

随着经济全球化脚步的加快，以及我国开放经济发展的需要，我国与国际的贸易往来愈加密切。在国际贸易往来中，涉及本币与外币之间的兑换问题，两种货币的兑换受到汇率影响，而影响汇率的因素是多样的，如一国的经济发展水平、利率等。因此在货币兑换中，汇率因素的影响会给企业带来由于汇率风险产生的损失。当然，由于汇率变化导致的本国货币相对于另一国货币的升值或贬值，也会对企业的产品销售产生影响，会影响到产品外销的价格或者数量等，从而形成了企业的汇率风险。

4.互联网环境下企业面临的金融风险

随着互联网技术的发展，企业所面临的金融风险更加复杂。网贷作为一种新兴的线

上贷款方式，由于不完善的体制与监管措施，使得其面临的信用风险要大于传统金融机构所面临的信用风险，一旦借款人违约，由于事先约定的较高的借款利率，其后偿付账款的可能性便会大大降低。当然，互联网金融的存在，也为更多的小微企业提供了新型的融资渠道。在融资来源增加的同时，发放网贷的企业也要注意保持一定的流动性资金，以防止流动性风险的产生。

（二）企业金融风险管理的有效措施

1.金融监管部门需要加强金融行为审查力度

相关的金融监管部门应当加强对于金融行为的审查力度，从而在根源上避免不正当的经营环境，从而促进整个金融市场的良性发展。首先，在当前的新形势下，有些企业为了减少或者避免金融风险的出现，进行了一些不正当的行为，这种行为的出现，给市场的秩序造成了严重的破坏。因此，加强监管工作必不可少。监管部门的工作人员可以将税收以及账目等作为审查的切入点，对一些不正当经营的企业或者个人进行审查，并且及时予以处理，坚决制止不法行为。其次，对以金融经营为主要项目的企业进行严格的资质审查。随着互联网的发展，在当前的新环境下，很多企业都推出了一些理财产品、信用贷款项目等，这也促使金融市场的发展更加迅速。对于个人以及企业来说，要想进行资金的周转或者通过理财增加自己的收入，都不可避免地会应用这些产品或者项目。但是也正是互联网的便捷性，使得网络借贷平台大量出现。它们隐藏在互联网之中，仍然能够在国家的明令禁止下进行不法的金融行为。因此，监管部门更需要加大审查力度，从而取缔这些不法机构，保障金融市场的安全和秩序。

2.企业需要建立良好的金融风险预警机制

有些企业在成立前期，发展的速度很快，但是一旦发展到一定规模后，发展的速度就会降下来，甚至长时间停滞不前。其中最大的原因在于，企业没有良好的金融风险预警机制，在激烈的市场竞争环境中难以找到发展方向。一方面，企业不想失去发展的机会；另一方面，企业也了解决策的错误可能会造成资金损失，使其发展陷入一定的困境当中。要想解决此情况，企业需要从源头着手。

首先，积极引进金融方面的专业人才，组建一个专门的金融风险管理部门，全面把控企业的情况，从而提升企业整体的金融风险预警水平。

其次，加强对企业内部工作人员的培训，使得工作人员能够适应金融市场环境和形势的转变，并且对金融相关的体制和工具加深认识，进而提升企业内部全体工作人员的抗风险意识。

最后，金融市场虽然时时刻刻都在发生着变化，但是往往都是围绕着关键问题的小范围变化，而一些关键问题的转变可能会引起企业整体的变化。因此，企业内部的金融风险管理部门对于市场信息和市场的走向应当有充分的掌握，并且结合行业的发展趋势和相关政策的变动情况等，充分考虑企业自身的实际情况，建立良好的金融风险预警机制，一旦出现可能引起金融风险的隐患，及时采取有效措施应对，避免由于金融风险给企业带来大的损失。

3.提升企业整体对于金融产品的认知能力

在企业经营和发展的过程中，最为重要并且能对企业产生极大影响的是资金问题。一旦出现资金缺口，企业很可能就会面临投资方撤资等对企业发展不利的问题，一旦处理不慎，很有可能会导致前期的努力全部白费。企业通过利用理财产品以及信用贷款等，能够在一定程度上解决企业的燃眉之急，提供适宜的解决方案。但是在使用理财产品以及信用贷款的过程中，企业也面临着新的风险，也就是金融产品本身可能涉及的一些风险。为了规避和减少风险对自身带来的损失，企业需要做到以下几点。

首先，企业需要对自身的经营情况进行全面的分析，慎重考虑是否有必要利用这些金融产品解决自身所面临的困境，选择这些金融产品可能会产生哪些风险，企业是否有能力去承担这些风险。

其次，企业确定需要利用金融产品解决自身问题后，应当对后期的还款方式以及还款的时间进行重点的考虑，并且需要结合自身实际的还款能力，在尽可能降低费率的同时，避免由于超出自身还款能力导致还款超期或者无法还款引起的信用风险等不利情况。

最后，从整体的角度来看，以网络贷款为主要形式的金融产品一般都是金融企业自行进行审核工作，因此，申请贷款的门槛比较低，发放贷款的速度也比较快，在企业面临困境急需资金周转时，可以将其作为隐藏的资金来源，进而帮助企业度过危机。企业的管理者也需要对此情况有足够的认知，了解这种渠道取得的货款只能用于必要的时刻，而不能作为企业的常规资金解决方案。一旦形成不良的习惯，对金融借贷产品产生了依赖性，就有可能在没有充分考虑企业自身情况的前提下，产生冲动的投资行为，这样不仅会导致资金难以为继的恶性循环，使企业的经济效益有所降低，严重的情况下，还可能使得企业面临更大的危机，如倒闭、破产等。因此，企业需要从整体上提升对金融产品的认知能力，谨慎选择和使用金融产品。

总而言之，随着我国市场经济的飞速发展，在金融行业不断发展的同时，金融市场的环境也变得更为复杂，看似良好的投资行为背后，可能潜藏着一些对于企业不利的金融风险，一旦出现了错误的决策，很有可能会对企业自身的发展造成不利影响。因此，在这样的新形势下，要想加强金融安全管理工作，除了需要金融监管部门的努力，企业自身也需要建立良好的金融风险预警机制，提升企业整体对于金融产品的认知能力，从而促使企业的金融风险管理水平不断提升，在当前市场竞争环境激烈的形势下获得长远健康的发展。

第三节 金融经济风险的起因及防范的策略

一、引起金融经济风险的因素

（一）金融机构内部结构相对简单

从现阶段我国各大金融机构的内部组成现状能够看出，可将其根据结构特点分为"资产购买固定资产"和"固定资产"两种形式，但是这两种形式在一定程度上都具有较为明显的共性化特点，那就是金融机构内部的"股份占有比例"较低，都具有"稳定性"的发展趋势。通常来讲这样是不会发生相应的金融风险的，但是凡事无绝对，一旦金融机构在实际运行的过程中受到"经济结构变化"的影响，就会使得部分金融机构无法收回相应的投入资金，久而久之就会形成严重的负债压力，这对于金融机构的长效健康发展是十分不利的。

（二）某些大型企业的诚信存在问题

相关数据报告调查结果显示，现阶段我国部分企业在向相应的金融机构进行贷款以后，没有按照相关的条例约定，归还相应额度的贷款，这就无法为我国各大金融机构的长效健康发展提供基础性保证，如果不能及时解决，就会使得我国各大金融机构与企业贷款之间形成一个恶性循环，这也是现阶段造成我国各大金融机构出现的重要风险问题。

（三）当地政府权力的不正当利用

随着近些年我国社会的不断发展，各项先进技术的出现为我国社会各界都带来了新的发展机遇，同时随之而来的还有一系列的负面信息，这些负面信息就会对我国各地政府机关单位的部分员工造成一定程度的影响。部分政府内部职工无法抵御经济诱惑，出现以权谋私、徇私枉法的现象。这也就是现阶段导致我国各大金融机构不良贷款现象出现的主要原因。久而久之，就会出现相应的金融经济风险。

（四）金融机构对贷款对象缺少基本的了解

其实造成金融机构发生金融经济风险的最重要的因素还是金融机构本身的问题，许多金融机构只顾眼前的利益，没有提前对要贷款的企业或者单位的实际资产等进行认真审查，盲目地进行借贷工作，同时现代社会出现一些靠关系、走后门的现象，通过一些不正当的方式进行贷款，这些行为都会造成金融机构的经济发展不平衡、资金波动严重，使金融机构面临大量不良贷款的威胁，给自身发展带来极大的损害。

二、金融经济风险防范的策略

（一）完善金融机构内部控制体系

第一，需要在内部建立相关财务机制，将内部金融系统维持在一个规范化以及安全化的状态之中，保证无论在何种情况下，都能够第一时间找到相关的责任人。

第二，建立内部完善的金融机制。金融机构内部项目较多，涉及内容较为复杂，通过金融机制可以有效地将混乱的结构融为一个整体,也能够进一步地减少金融机构内部的投机取巧行为,在一定程度上为金融创新扫清障碍。除此之外,必须建立严格的规则制度,避免在金融创新时出现违规行为,影响整个行业的可持续发展。

第三,相关领域工作人员要针对现阶段金融机构的实际发展情况,结合在实际发展过程中存在的各项问题,设立相应的"内部审计部门"。同时,要在实际的部门建设过程中赋予其"独立性"和"权威性"的特点,使其能够直接服务于金融机构的所有者,这样就能够在一定程度上有效地建立金融机构的科学管理体系。

第四,内部审计部门在进行日常工作的过程中,必须要求相关审计部门的工作人员,不干涉机构的日常运营情况,这就能够使得内部审计部门在进行实际的报表制定过程中秉承科学直观的原则,进而有效地为我国内部审计部门工作的发展奠定坚实基础。

第五,要采取适当的方式对内部审计部门内的员工进行定期审核,这样就能够在金融机构内部形成一系列科学动态的管理机制,为金融机构日常工作的长效健康发展提供基础制度保障。

第六,相关领域工作者还要提升对于"分责制度设定"的重视,这也是现阶段使我国各大金融机构有效规避金融风险的最佳途径。建立"授权分责制度",能够有效完善金融机构内部的业务程序和审批手续,同时还能够根据现阶段金融机构内部活动的个性化特点和功能,设定相关的风险控制管理制度,并对相关分支机构进行不定期检查。要高度重视授信范围和信用额度的设定,并要求各项工作必须在授权范围内完成。

(二)推进利率市场化改革

要想在当今时代背景下有效解决金融经济发展过程中的风险因素,相关领域工作人员就要提升对于利率市场化改革的重视程度,对此,可从下述几个角度入手:

首先,相关领域工作人员要对现阶段金融机构"利率市场化形式"进行深度分析,找寻现阶段存在的不足之处,积极探寻先进的工作形式,进而有效地规避金融经济在发展过程中的实际风险。为了有效达到这一目标,要对"协议存款标准化"进行深度研究,对原有的"起存金额"进行降低处理,通过这种方式为我国存款利率市场化目标的实现奠定坚实基础。

其次,相关领域工作人员也要对现阶段金融机构"应对利率的结构"进行有效创新整改,对现阶段金融经济发展实际情况进行深度分析,找寻以往"计息"与"结息"过程中存在的不足之处，积极学习发达国家金融机构的结构理念，通过这种方式为自身机构"利率结构"的科学发展提供积极便利的条件。

最后，相关领域工作人员也要对现阶段金融机构的市场发展状况进行深度研究，纵观国内的整体金融环境的发展走向，通过科学有效的衔接方式，对现阶段金融市场中的"分割利率"进行有效规整，使其能够成为一个具有"综合性"特点的整体，这也是现阶段凸显我国金融利率作用最大化的最佳途径。

（三）加大外部监管力度

一方面，金融监管方面的问题会在一定程度上制约经济的发展，很多银行实行的规章制度较为陈旧，在操作性、概括性、原则性方面随意性较大，缺少科学具体的监管细则，监管部门没有明确的标准。针对此类情况，应该正确地处理金融监管和创新之间的关系，完善信息系统，提高科技含量，利用先进的手段来收集、分析信息；准确地调整金融监管内容，放宽利率限制，增强预见性；限定资产负债的比例，并考察经营管理的质量，实行新的监管措施。

另一方面，从现阶段我国金融市场运行状况能够看出，现阶段导致我国各项金融经济风险出现的主要原因就是没有较为综合的领导与指导。相关数据报告调查结果显示，现阶段我国实行的一系列经济政策都是将市场置于主要位置，将国家置于辅助位置，这也就意味着市场对于金融经济的发展具有十分重要的价值。对此，相关领域工作人员就要通过多维化的手段维持现有我国经济市场的秩序，重点找寻影响我国金融经济市场发展的核心要素，并对不同的要素采取具有针对性的解决措施。同时相关领域工作人员还要对现有的市场金融监管制订相应的计划。在计划制订的过程中，要严格遵守市场发展的实际需求。

对现阶段市场运行过程中存在的一系列不合理现象进行严厉打击，这样就能够保证我国外部监管的作用最大化，同时还能够有效解决以往不合理的问题，为我国金融经济市场的和谐健康稳定发展提供便利条件。

（四）提高发放企业贷款的标准

为了在当今时代背景下有效地规避金融经济发展过程中存在的一系列风险，相关领域工作人员就要从"贷款"角度入手，在进行实际的贷款工作过程中，要对贷款的企业进行严格审查，明确企业在现阶段的实际经济情况，并对其未来走向进行深度分析，为其制定具有针对性的贷款限额，同时也要在实际的放款过程中严格遵守相关条令标准，这样就能够在一定程度上有效地规避"不良贷款"现象的出现，进而为我国金融经济的长效健康发展奠定坚实基础。

（五）加大对金融犯罪的打击力度

相关数据报告调查结果显示，现阶段阻碍我国金融经济发展的主要因素之一是"金融犯罪事故"。这也是现阶段我国相关领域工作人员应该关注与重视的问题。为了有效地解决这一问题，相关领域工作人员也要对以往的管理手段和管理理念进行有效创新，加大对于"金融犯罪事故"的打击惩罚力度，尤其是对于那些"逾期未还款"的单位，要积极利用我国各项法律条令对其进行严厉的惩处。同时，在进行实际的贷款发放过程中，要进行及时追踪，避免"发放贷款无法回收"现象的出现，这样就能够有效地规避现阶段我国存在的金融经济风险。

（六）适当扩展金融机构内部业务

在新形势、新背景之下，为了保证我国金融领域的长期有效健康发展，相关领域工作人员要提升对于"内部业务"的重视。从现阶段我国各大金融机构的业务状况能够看出，其中最核心的业务就是"信贷办理工作"。

而随着近些年我国社会的不断发展，以往单一的"信贷办理工作"已经无法满足实际需要，对此相关领域工作人员就要对以往的工作理念和工作方式进行创新整改，积极利用当今时代背景下各项先进技术，对以往金融机构内部的业务功能进行"拓展优化"，在保证传统信贷办理工作稳定运营的基础上，增设相关的业务项目。为用户提供多元化、个性化的服务体验，这样不仅能够吸引更多用户的积极参与，同时也能够有效地提升我国各大金融机构在社会中的形象地位，进而为其长期有效健康发展奠定坚实基础。

（七）积极与国际金融机构进行合作

金融的发展与先进的技术是密不可分的，所以为了保证金融经济发展创新，应该提升相关人才的科技能力，在金融发展中与国际接轨，利用先进的管理方式，实现金融和科技的融合。我国需要抓住机遇，不断进行创新，开发高科技金融产品，占据国际市场，并提升金融服务的科技含量，推动金融行业的快速发展。

（八）加强金融经济改革，化解风险

相关数据报告调查结果显示，现阶段导致我国金融风险出现的因素具有"多样化"特点，这也就意味着不仅有"外部市场"发展因素，同时还有金融企业自身发展因素。对此，相关领域工作人员要想在当今时代背景下有效地解决相应的金融风险，就要对现阶段的"金融经济体制"进行有效改革，通过科学化、合理化的手段对以往金融经济发展过程中存在的各项风险进行深度评估，并找出对应的解决策略，为我国金融经济的长效健康发展提供保障。对此，可从下述几个角度入手：

首先，要推出"利率衍生产品"，同时也要对以往的利率互换市场进行优化，并将放宽相应的市场准入条件，这样就能够通过有效的方式对以往的利率风险进行有效规避，同时也能够在一定程度上提升我国金融机构对于风险因素的控制能力。

其次，相关领域工作者还要提升对于"制度"的建设，尤其是"诚信制度"和"存款保险制度"。对这两种制度的建设，能够有效地对现阶段金融机构的各个问题进行处理，同时也能够有效地提升金融机构在同行业市场中的综合竞争能力。而存款保险制度能够在一定程度上为金融机构的安全和存款人的利益提供根本保证，这也是现阶段规避我国金融风险的较好途径。

我国金融经济的发展受到政策、经济、市场等各方面因素的影响，针对这些因素，金融行业或机构应该努力寻求针对性的突破。金融经济的创新有利于提高服务质量，保证机构的可持续发展，促进整个行业的综合性发展。对此，应不断完善法律法规以及金融机制，并根据市场的实际情况"简政放权"，不断提高金融从业人员的综合素质，从而促进整个金融行业的健康发展。

第五章　数字时代金融业务推动金融经济创新

第一节　商业银行金融创新概述

一、商业银行金融创新内涵

回顾经济思想史，熊彼特（Joseph Alois Schumpeter）首次将创新提升至经济发展理论的高度。他认为，创新是指建立一种新的生产函数，即把一种从来没有过的关于生产要素和生产条件的新组合引入生产体系，而企业家的职能就是引进新组合，实现创新。熊彼特定义的创新包含五种类型：

（1）采用一种新产品；
（2）采用一种新的生产方法；
（3）开辟一个新市场；
（4）掠取或者控制原材料或半制成品的一种新供应来源；
（5）建立任何一种新产业的组织。

概括而言，上述五种创新类型可称作产品创新、技术创新、市场创新、资源配置创新和组织创新（制度创新）。

虽然金融创新在学术界尚未形成统一认识，但各方面的解释大都沿袭熊彼特创新理论的总体框架。例如大卫·里维（David Lierreyn）认为金融创新是指衍生金融工具的运用、新的金融市场及提供金融服务方式的发展；默顿·米勒（Merton H. Miller）认为金融创新就是在金融领域内建立起新的生产函数，是各种金融要素的新组合，包括新的金融工具、新的融资方式、新的金融市场、新的支付手段以及新的金融组织形态与管理方法。厉以宁认为金融领域存在许多潜在利润，现行体制下的运作手段无法得到这种潜在利润，因此有必要进行金融体制和金融手段方面的改革，这些改革可理解为金融创新。

综合国外对金融创新含义的表述，金融创新是指变更现有的金融体制和增加新的金融工具，以获取现有的金融体制和金融工具所无法取得的潜在的利润，它是一个为营利动机推动、缓慢进行、持续不断的发展过程。金融创新的范畴涵盖了广义和狭义两层内容。狭义的金融创新是指20世纪70年代以来西方发达国家在放松金融管制以后而引发的一系列金融业务创新；广义的金融创新是一个金融体系不断成长、创新的过程。总而言之，金融创新就是指金融机构内部要素的变革。自现代银行出现以来，无论是金融机构、金融市场、国际货币制度，还是银行的传统业务、银行的支付和清算系统、银行资产负债管理，乃至整个金融体系，都经历了一次又一次的金融创新。本书所涉及的金融创新是指广义的金融创新，其主要包括金融产品与金融工具的创新，金融服务的创新，金融市场的创新以及金融机构职能的创新。金融创新的发展，以20世纪60年代经济的迅速发展、资本流动的加快为背景，以20世纪七八十年代的放松管制为契机，一直保持长盛不衰的势头。进入20世纪90年代，国际金融创新围绕着表外业务、筹资证券化以及金融市场全球一体化三个方向迅速发展。目前，国际金融创新主要有以下四方面的趋势：金融产品、金融工具的创新多样化，表外的重要性日趋增强，融资方式证券化，金融市场一体化。下面着重探讨我国商业银行为实现其利润最大化，全方位地在各金融业务领域，对其所拥有的各种要素进行的创新性变革和开发活动。在这里，金融创新的主体是我国的商业银行，既包括国有独资商业银行，也包括股份制商业银行。

二、商业银行金融创新特点

从商业银行的角度来看，创新具有四个显著特点：

（一）创新是一个连续不断的过程

虽然最近几十年来，金融创新速度快于任何一个时期，金融新产品的出现比任何时期都多，但此前的金融创新也并没有停滞过，就像整个社会在渐进中进步一样，很多金融创新也是在人们不知不觉中进行的。

（二）创新以技术进步为前提

现代的金融创新几乎都跟科学的发展和技术的进步高度相关,金融新产品的发明和新手段的运用尤其如此。特别是计算机出现之后,便在银行业得到了广泛的应用,互联网几乎成了为银行"量身定做"的"新衣裳"。

（三）创新的"新"与"旧"之间并不存在非常严格的分界线

每次创新都是一次革命,都是一次破坏性的创造。如果我们观察21世纪初期的银行运作方式与300年前的银行运作方式,我们可以说它们之间存在"天壤之别",但是,当我们把这种比较的时间长度缩短,看看年度与年度之间的变化,我们会感觉到新与旧之间是一个渐进的演化过程,甚至会产生"日复一日,年复一年"的感叹。它表明,银行业作为一个传统行业,作为一个古老行业,它的继承性很强,虽然金融创新的紧迫感很强烈,但继承性的烙印也很明显。

（四）创新的成本不低,但极易被模仿,且被超越的周期很短

许多金融创新,特别是一些金融衍生产品的创新,需要花费创新者大量的劳动和财力,但当它推出来之后,同业之间便很快可以借鉴过去,加以模仿,且模仿者还可以做进一步的改良,从而实现某种程度的超越。这表明,金融创新的专利性是不强的,其普及、应用和推广都相当容易。

三、商业银行金融创新理论

银行业务创新作为金融创新的一个重要组成部分,是在实践中发展起来的,其理论依据主要来源于当代金融创新理论。金融创新理论流派繁多,各有见地,但都从不同角度探讨了金融创新的成因问题。其中比较具有代表性的有以下几种:

（一）"财富增长"理论

美国的两位经济学家格林伯姆（S. L. Greenbumand）和海沃德（C. F. Haywood）通过研究美国金融业的发展历史,发现科学和经济的发展导致人们财富的增长,而财富的

增长又引发了人们要求规避风险的愿望,从而促使金融行业为了满足人们的这种愿望而不断地发展创新。由此,他们得出的基本的结论是:由社会财富的增长决定的对金融创新的需求是导致金融创新活动的根本动因。"财富增长"理论单纯从市场需求的角度剖析金融创新的成因,忽视了金融管制、利率和汇率的变化、竞争等因素的影响,不免失之偏颇。但是,该理论将金融创新视为以市场需求为导向的市场性行为的观点仍然具有很高的价值。

(二)"交易成本"理论

该理论认为金融创新的主要动机是降低交易成本,其代表人物是经济学家罗纳德·科斯(Ronald H. Coase)。他认为由科技进步引发的交易成本的降低,改变了经济个体的需求结构,从而促使金融机构不断进行金融创新,更好地满足人们的需求。"交易成本"理论实际上从降低成本的角度,暗示了金融机构追求利润的动机,强调了金融机构创新的内在动因,忽视了外在环境对金融创新的影响,同样具有一定的片面性。

(三)"技术推进"理论

代表学者是汉农(T. H. Hannon)和麦克道威尔(J. M. McDowell)两位经济学家。他们通过对美国 20 世纪 70 年代银行业新技术应用的研究,发现新技术的出现导致了银行对新技术的采用,并影响了市场结构的变化。因此,他们得出技术的发展是导致金融创新的主要因素的结论。"技术推进"理论将技术发展作为金融创新的主要动因,显然是值得商榷的。虽然科学技术的进步对金融业的发展创新起了非常大的推动作用,为金融机构的创新提供了新的方法和手段,但是金融创新活动从金融行业诞生的那一天起就已经存在,并不只是在新的技术产生后才发生的,技术的发展应当被视为金融创新的一种动力和手段。

(四)"货币促成"理论

代表学者米尔顿·弗里德曼(Milton Friedman)认为,国际货币体系的变化,特别是 20 世纪 70 年代汇率、利率的变化,以及通货膨胀的影响,对金融机构提出了挑战,形成了威胁。这促使金融机构通过金融创新抵制这些货币相关因素波动所产生的影响。期权、期货等新的金融衍生工具,就是为了应对这种货币风险而进行创新的很好例证。

因此，他得出的结论是货币因素的波动导致了金融创新的行为。"货币促成"理论从规避市场风险的角度阐述了金融创新的成因，紧密结合了金融行业发展的重大历史事件，具有明显的时代特征，但是仍然只讨论了金融创新动因的某一个方面，缺乏系统性。

（五）"规避管制"理论

代表人物凯恩（E. J. Kane）强调了金融监管对金融创新的促进作用。他认为金融监管和金融创新之间的矛盾实际上是代表公众利益的监管机构和追求自身利益的金融机构之间的矛盾，而这种矛盾正是导致金融机构进行创新的根本原因。"规避管制"理论认为金融创新和金融监管之间存在着互相促进的辩证关系，即监管—创新—新的监管—新的创新。

（六）"制度改革"理论

代表学者有戴维斯（Le Davies）、诺斯（D. North）、塞拉（R. Scylla）和韦斯特（R. C. West）等人。他们认为金融创新是历史的产物，是与生俱来的，与金融创新高度相关的是社会制度和意识形态。他们认为不同的社会制度会对金融创新产生不同的影响。在计划经济制度下，过分严格的管制大大限制了金融创新的发展，其表现为金融品种少、范围窄，金融服务和管理意识都比较落后；同样，如果在完全自主发展的市场经济制度下，金融创新虽说不受任何限制，但是那些为了规避行业管制的创新就无法发生，这也将大大影响金融创新的发展。由此，他们得出的结论是，只有在受管制的市场经济制度下，才能最好地激发金融创新。与"规避管制"理论不同的是，"制度改革"理论认为社会制度改革是促进金融创新的主要原因，并间接地将监管行为视为金融创新的动力。

（七）"约束诱导"理论

倡导者是希尔伯（W. L. Silber），他认为金融机构是以利润最大化为目标的，为了实现该目标，金融机构必须冲破内在和外在的各种束缚，而冲破束缚的方法就是金融创新。只要创新付出的代价低于接受束缚的代价，金融机构就会寻求通过金融创新改变现状。

第二节　中国商业银行金融创新的动因、现状与效应分析

一、中国商业银行金融创新的动因分析

随着管制放松、国有商业银行改制、信息技术进步、利率的市场化等经营环境的改变，我国的商业银行的传统核心竞争力受到了挑战。商业银行的金融业务创新是一种实现经济目的的活动，其主要目标是创造更多的利润，规避金融风险，以求得自身的生存和发展。从我国商业银行内外环境来研究金融业务创新的动因，可以分为内在动因和外在动因。

（一）金融创新的内在动因

1.利润驱动创新

伴随着我国金融机构间传统壁垒的消失，单靠有形产品本身价格的优势已很难取得竞争优势，银行存贷款市场已由卖方市场转向买方市场，银行的存贷利差缩小，经营成本增加，价格竞争行为正在缩小商业银行的盈利能力。商业银行在追求利润时才会产生创新需求，利润驱动成为商业银行创新的主要内在动因。商业银行以降低交易成本创新、提高经营效率创新、流动性增强创新和金融产品创新为主要手段，来获得利润。

一是降低交易成本创新。它包含两层意思：①降低交易成本是金融创新的首要动机，而交易成本的高低决定金融业务和金融工具是否具有实际意义；②金融创新是对科技进步导致交易降低的反应。处于垄断竞争市场中的商业银行通过降低管理费用、调整产业结构、优化经营模式和改善支付清算系统等方法降低交易成本，从而获得超额利润。也就是说商业银行通过创新能带来特殊收益，降低成本，增大利润空间，具有明显的价格优势，从而扩大市场份额，获得超额收益。

二是提高经营效率创新。一方面，金融创新通过大量提供具有特定内涵与特性的金融工具、金融服务、交易方式或融资技术等成果，从数量和质量两个方面同时提高需求

者的满足程度，增加了金融商品和服务的效用，从而增加了金融机构的基本功能，提高了金融机构的运作效率。另一方面，金融创新提高了支付清算能力和速度。自从把电子技术引入支付清算系统后，商业银行提高了支付清算的速度和效率，大大提高了资金周转速度和使用效率，节约了大量的流通费用。由此商业银行提高了经营活动的规模报酬，降低了平均成本，加上经营管理方面的各种创新，使盈利能力大为增强。

三是流动性增强创新。流动性增强创新产生于对流动性需求的增长。在商业银行的资产中，有的金融资产是缺乏流动性的，如汽车消费贷款、固定资产贷款、信用卡应收账款和住宅资产净贷款等，银行只能等待到期以后才收回这些贷款或账款。而有的金融资产是富有流动性的，如证券，投资者可以随时在证券市场上把证券卖出去。在金融市场相对发达的情况下，商业银行更多地通过主动负债来获取流动性，这样可以降低非营利的现金资产，扩大盈利性资金的运用。对于银行来说，为了提高资金的效率，有必要将流动性较差的资产转变为具有流动性的证券。因此，商业银行通过金融创新以特定方式保持对外支付能力，以防止优质客户的流失，避免负债和资产利率敏感性不相匹配的情况下利率变动对银行净利差收入产生的重新定价风险。

四是金融产品和服务创新。面对激烈的竞争环境，商业银行应该着重服务于产品的创新。针对个人客户推出个人委托业务、基金销售、保险销售、贷款证券化等。有实力的银行应提出"大金融超市"的概念，即投资者在一家银行里就可以办理存取、购买保险、基金、国债、住房信贷等业务的"套餐"服务。针对公司客户推出现金管理业务、贷款证券化、咨询顾问业务、金融衍生工具、信托业务和金融租赁业务等。商业银行只有在金融产品及业务上创新才能拓展自身的业务领域空间，提高服务效率，从而推动自身的健康、稳健发展。

2.规避风险创新

随着我国的利率市场化进程不断推进，利率市场化从利率水平骤然升高和不规则波动性加大两个方面加剧了银行脆弱性。另外，在商业银行的信贷营销中，由于大企业和优质项目融资渠道较为广泛，利率的市场化使商业银行在对其发放贷款时很难上浮利率，一般采取利率下浮的政策，以占据市场份额。一旦市场上存贷利差出现大幅度的下降，对收入主要来源依赖存贷业务利差的商业银行来讲，其竞争风险将加剧。因此商业银行应利用金融创新缓解利率市场化所带来的市场风险和商业银行竞争风险。

3.规避管制创新

凯恩提出了规避型金融创新理论，即"规避创新"，就是经济主体为了回避各种金融规章和管制的控制而产生的一种创新行为。国际金融界在放松对金融机构的行政式的直接管制的同时，加强了以促进银行谨慎经营为目的的风险管理，并加强了对金融创新业务特别是衍生业务的管制。金融管制的目的是保证整个金融体系的稳定和金融机构的经营安全，而金融创新多是为了逃避管制，直接创立新的金融工具，并进行推广，从而获得超额利润。

4.主观能动创新

商业银行的优秀人才的主观能动性表现是否激烈、敏锐，取决于商业银行成员所追求的最大利益目标和成员的素质。优秀人才的流失将会严重影响商业银行竞争力的提高。对于商业银行来说，拥有优秀的人力资本虽然重要，但这并不足以保证他们能发挥主观能动性进行金融创新从而带来利润的增长。这需要一套有力的激励机制，就像市场提供的机制一样，它能保证创新发明及其转化的产品直接服务于生产并带来利润的增长。因此商业银行应提供一套有效的激励约束机制，充分发挥员工的主观能动性，在促进金融创新的同时避免优秀人才向外资银行流失。

（二）金融创新的外在动因

商业银行的外在动因是指商业银行创新系统外部的动因因素，它是金融创新的条件，通过推动、驱动等方式，最终转化为创新的内在动因，对商业银行金融创新产生推动作用。

1.技术推动创新

技术进步使计算机及电子网络技术在银行业的应用取得了长足的进展，商业银行不仅创新手段，而且更重要的是，金融服务方式发生了巨大的变化——出现了电子金融。技术进步能够使商业银行将劳动和资本等生产要素以更低的成本结合，并为其客户提供更多、更新的金融产品来获得更高的利润。

2.需求驱动创新

在现代信息技术发展和商业银行服务综合化、全能化的趋势下，客户对商业银行提出了更为多样化的服务要求。消费者需要方便、低廉、优质、高效、多样化的金融服务，包括传统银行业务、新型保险、证券投资、理财等服务。另外信息技术的日新月异也刺激了企业客户需求目标的提高，以及银行客户需求的多元化和高层次化，这些都导致了金融创新呈现出良好的发展趋势。

3.竞争逼迫创新

商业银行不仅面临着激烈的国内同业的竞争，还面临着强大的国际竞争对手的竞争。随着中国金融市场开放程度的逐步提高，外资银行全面参与中国银行业的竞争是无法回避的事实，我国银行业将面临严峻的考验。商业银行要想在激烈的竞争中立于不败之地，就必须改善经营机制，进行金融创新，通过产品创新来提高综合竞争力和保持原有的市场地位或占有新的市场。

4.管制放松促进创新

从 20 世纪 90 年代，金融创新与金融监管的关系发生了变化，各国政府放松金融管制成为一种趋势，由原来强调公共利益优先逐步转向强调竞争和减少保护来提高金融业的市场效率。目前，我国政府所采取的利率市场化改革、对国有独资商业银行改制、商业银行设立基金公司等措施都促使了国内商业银行进行金融创新，以获得竞争的优势。

金融创新浪潮对我国的金融市场产生了深远而巨大的影响。它在提高金融机构的获利可能性的同时，也对金融系统和货币政策提出了严峻的挑战。随着世界经济金融全球化、一体化进程的加快，以及科学技术的突飞猛进，商业银行创新将是全方位的，它涵盖金融商品、交易方式、组织形式、经营管理和金融监管等领域的革命性变革。因此，我国的商业银行应在客户、业务、区域、市场等方面有所侧重，只有将内外动力系统有效地结合，才能实现在经营理念、金融工具、金融制度、金融技术、金融机构和支付方式等方面的创新，这样才能抓住发展先机，在国内市场上立于不败之地并在国际市场上立足。

二、中国商业银行金融创新的现状分析

（一）金融创新发展的现状

我国商业银行金融创新是从我国实行改革开放后逐步开始的，并取得了显著的成绩，主要体现在：

（1）在组织制度方面，建立了统一的中央银行体制，完成了中央银行大区行的机构建设框架，形成了以国有商业银行和股份制商业银行为主体的银行体系，城市信用社改组为城市商业银行，建立了大量的证券经营机构、多家保险机构和其他非银行金融机

构,初步形成了多元所有制结构、多种金融机构并存的金融企业体系。同时,放宽了外资银行分支机构和保险业市场的进入条件,建立了外汇市场。

(2) 在管理制度方面,中央银行从纯粹的计划金融管制变为金融宏观调控,调控方式由以计划性、行政性手段为主向以经济和法律手段为主转变;放松了对金融机构的业务管制,各专业银行可开办城乡人民币、外汇等多种业务,公平竞争;对信贷资金的管理从"统一计划、分级管理、存贷挂钩、差额包干"到"计划指导,自求平衡,比例管理,间接调控",商业银行全面实行资产负债比率管理;外汇管理体制实现了汇率和人民币经常项目下的自由兑换;等等。

(3) 在金融市场方面,形成了多种类、多层次、初具规模的金融市场体系。建立了以同业拆借、商业票据和短期政府债券为主的货币市场;建立了银行与企业间外汇零售市场、银行与银行间外汇批发市场、中央银行与外汇指定银行间公开操作市场相结合的外汇统一市场。在资本市场方面,建立了以承销商为主的一级市场,以及以上海、深圳证券交易所场内交易为核心,以城市证券交易中心为外围,以各地券商营业部为网络的二级市场。

(4) 在金融业务方面,各商业银行逐渐从以传统业务为主转移到资产、负债和中间业务并重的轨道上,纷纷推出各类创新产品。资产类业务创新表现为贷款对象的细分和满足特定融资需要的业务品种;负债业务类创新则以提供受益于增强流动性以及规避风险的各类理财产品为主;中间业务的创新主要表现为支付结算与现金管理、资产托管、投资银行、企业年金、咨询、担保承诺和衍生金融产品等创新活动。

(5) 在金融工具方面,主要有国库券、商业票据、短期融资债券、回购协议、大额可转让存单和长期政府债券、企业债券、金融债券、股票、股权证、封闭式基金、开放式基金等货币市场和资本市场金融工具。

(6) 在金融技术方面,金融机构电子化装备水平不断提高,电子信息技术在金融中广泛应用。目前,我国已全面实现了金融机构资金汇划电子化、证券交易电子化、信息管理电子化和办公自动化,出现了电子货币"一卡通"、网上银行、网上股票交易等新型电子与网络金融业务,在金融技术上实现了与国际金融业的对接。

(二) 金融创新存在的问题

从上述分析可以看到,我国金融业务创新已经全方位展开。金融改革创新增强了我国金融业的竞争力和抗风险能力，提高了金融企业的效率和服务质量，信贷资产质量有所好转，盈利状况逐步改善，从而极大地推动了金融业的发展，也为整个国民经济的发展提供了有力的支持。但是，从总体上说，我国的金融创新仍处于一个较低的层次，主要表现在：

（1）吸纳性创新多，原创性创新少。以金融工具为例，改革开放以来，创新的金融工具达100多种，但是大部分是从西方国家引进的。

（2）数量扩张创新多，质量提高创新少。以银行卡业务为例，近年来各商业银行在银行卡业务上投入了大量的人力、物力和财力，发行的银行卡数量已经相当可观，但使用效益不高，形成了大量的睡眠卡和无效益卡，而且银行间各自为政，造成银行卡业务重叠、功能类似，这不仅造成了资源的浪费，还影响了银行卡的快速、高效发展。

（3）负债类业务创新多，资产类业务创新少。长期以来，存款等负债类业务是各家金融机构竞争相对激烈的业务领域，金融机构推出的业务创新和工具创新也在这个领域最为丰富。而贷款等资产类业务长期以来一直都是金融机构垄断的资源，因而创新明显少于负债类业务。

（4）沿海城市创新多，内陆城市创新少。我国市场经济发展从经济特区和沿海城市发起，经济特区和沿海城市率先打破传统体制的束缚，金融管制相对较松，金融市场比较活跃，这些都为金融创新提供了良好的外部环境。因此，我国的金融业务和金融工具创新通常首先在经济特区和沿海城市产生，然后再逐步向内陆城市推广，内陆城市的金融创新明显落后于沿海城市。

（5）外力推动创新多，内部驱动力创新少。我国的金融创新主要是由体制转换和政策改革等外部因素推动的，中央银行管理制度、管理手段的改革与创新已经成为金融机构微观创新的主要外部推动力，而金融创新主体即金融机构的内在创新动力明显不足。

（6）追求盈利的创新多，防范风险的创新少。现在推出的许多创新产品更多是为了盈利，除了外汇业务有期权、互换、远期利率协议和部分商品期货外，一些具有重要风险管理特征的金融工具，比如互换交易、期权交易等在人民币业务上基本没有，其他防范金融风险的创新活动也基本上没有成为金融机构所关注的基本创新活动。

三、中国商业银行金融创新的效应分析

（一）金融创新的正面效应

1. 商业银行创新提高了经济社会的效益和效率

一是商业银行创新增加了经济社会的有效需求。商业银行创新对经济发展的作用效果，通常以金融资源的开发、利用与配置状况来衡量。在持续性的商业银行创新浪潮中，各种迎合投融资者偏好的新产品在源源不断地上市，使金融市场始终保持着对投融资者足够的吸引力，这必然使交易更加活跃，使市场更加繁荣。大规模、全方位的商业银行创新，使商业银行提供的金融商品总量增加、范围扩大，即使在总效用不变的情况下，由于需求者享受了更多的金融商品，也能使无差异曲线上移。因此，在一个高效完整的金融市场，商业银行通过创新活动既能提供各种方式、各种额度、各种期限和各种利率的金融商品，又能使交易双方在市场上都能获得满意或比较满意的交易效果。而且商业银行创新越活跃，新的金融商品的种类越多，其社会总效用就越大。

二是商业银行创新使经济交易活动的便利度提升。在全球经济一体化的发展中，债权债务关系纵横交错，支付清算关系日益复杂。把电子计算机和通信网络引入商业银行的支付清算系统是最为成功的创新之一。客户只要将其电脑终端与银行电子计算机联网，往来账户间的资金转移、账单支付、票据传递、报表提供等就都可以通过电子计算机处理。它打破了传统转账系统的时空限制，摆脱了繁重的手工操作，成百倍地提高了支付清算的速度和效率。

三是商业银行创新优化了货币政策的传导机制。20世纪70年代末以来，随着商业银行创新的发展，许多国家都不同程度地放松了利率与外汇的管制。例如，出现了"浮动利率贷款"和"浮动利率抵押贷款"等创新商品，这些创新商品的利率直接与市场利率相关，能充分体现市场收益率。当商业银行创新改变了货币政策的传导机制，促使一国货币政策工具选择偏向于市场导向的操作时，必然会促进该国金融市场的发展与完善。因为要使货币政策工具的传导机制发挥作用，金融市场除了要具备信息传递灵敏，交易的有价证券种类多、规模大等条件外，还要使金融市场达到一定的广度、深度和弹性要求。

2. 商业银行创新进一步促进了自身的发展

一是商业银行创新提高了其现代化经营管理水平。商业银行创新活动的普遍开展，可以带动商业银行经营管理向更高、更深层次发展，使商业银行在经营管理过程中更注重经营成果的考核，更强调经营手段电子化，更侧重财务成本控制，更讲究激励机制的运用，来实现其利润的最大化。商业银行创新的"双刃剑"作用也促进了国际商业银行监管的强化，其最突出的表现为对资本充足率的监管。

二是商业银行创新扩大了其经营范围。20世纪70年代后，随着科学技术的进步，以及受金融自由化、国际化、电子化的影响，商业银行的创新活动涉及金融领域的各个方面。就金融商品来看，出现了期权、期货、债务掉期、利率掉期、货币掉期等一系列金融衍生产品；从交易方式看，出现了银团贷款、可转让贷款证券、欧洲票据等一系列新的交易方式；从操作手段看，出现了银行信用卡、电子转账系统、自动清算所、自动出纳机、电话银行等；从业务范围看，突破了商业银行传统业务的禁锢，大举挺进投资银行业务、保险业务以及信托业务等领域。这些商业银行创新有的能给金融消费者提供多元化投资组合服务和个人理财服务等，有的不仅能给金融消费者带来较高并且稳定的收益率，而且还提高了金融消费者的资产流动性等。因此商业银行创新对广大金融消费者乃至企事业单位都产生了巨大的诱惑，从而扩大了商业银行业务范围，增强了商业银行对经济社会的吸引力。

三是商业银行创新增加了自身的盈利收入。商业银行收益结构中非资产性盈利收入增加尤为迅速。这些非资产性盈利收入包括各项业务的手续费收入、信托业务收入、租赁业务收入、其他非利息收入，以及来自各种咨询业务、现金管理、证券承销与托管、信息服务、表外业务等的手续费或佣金收入。20世纪80年代以后，这部分收入占商业银行总收入的比重快速上升。

四是商业银行创新有利于降低风险和分散风险。商业银行创新增强了抵御个别风险的能力，特别是在金融市场上创造各种避险性金融商品与交易新技术，对于剔除个别风险有较大的作用。例如汇率、利率的频繁波动给金融消费者带来了极大风险，商业银行通过创新活动，给经济社会提供各种金融期货、期权以及互换等新的金融商品，帮助金融消费者进行多元化资产组合，并及时调整其组合，从而达到分散风险或转移风险的目的。商业银行创新还可以达到分散或降低单个银行风险的目的。

（二）金融创新的负面效应

1.商业银行创新使中央银行的货币政策受到很大影响

一是商业银行创新弱化了存款准备金制度的调控效果。由于存款准备金是无息的，肯定会造成商业银行资金的占压和融资成本上升，从而刺激商业银行通过创新来规避法定存款准备金的限制。创新活动所筹集的资金不算作存款，也不用缴纳法定存款准备金，从而极大地削弱了中央银行通过调整存款准备金比率控制派生存款的能力。此外，商业银行创新丰富了银行资产的可选择性，当中央银行想通过减少存款准备金供给以压缩货币供应量时，商业银行可通过负债管理在公开市场上购买资金。

二是商业银行创新打破了传统金融中介的格局，削弱了中央银行货币控制能力。商业银行创新使经营活期存款的金融机构越来越多，这些金融机构都能以派生存款的形式扩张货币，从而使货币创造主体不再局限于中央银行和普通商业银行而趋于多样化；商业银行也可以把存款余额用于证券投资，所以它在派生货币方面的作用也在不断下降。因此，传统上以控制商业银行派生存款乘数为中心设计的货币控制方法显然难以奏效。商业银行创新使许多具备商业银行业务功能的新型组织机构相继产生发展。这些新型组织机构不属于货币政策控制与监督的范围，没有义务向中央银行报告，新的金融业务也往往不在原有的报告内容之列，这样即使货币定义没问题，货币的计量也会成问题，也会降低中央银行控制货币的能力。

三是商业银行创新使中央银行贴现率的作用下降。当商业银行创新活动使利率敏感性大幅度上升时，商业银行就将自己置身于利率多变的风险之中。在这种情况下，由于各种金融商品对利率变动的敏感性不同，一旦利率发生变动，公众必然会在各种金融商品之间进行重新选择，结果各层次的货币总量就可能向不同方向变动，传统的货币市场均衡机制的利率弹性将下降。商业银行创新与金融国际化互为因果，跨国银行国外利润的比重不断上升，使它对国内利率的变化越来越不敏感，商业银行不到万不得已不会向中央银行申请贴现或贷款。

2.商业银行创新带来新的风险

商业银行创新虽然可以降低或转移个别风险，但商业银行创新的高风险的本质特征使其不能消除或减少整个商业银行系统的风险，而且随着商业银行创新的不断发展，也不断产生新的风险。从商业银行经营管理来看，其经营风险日益增大；从商业银行体系来看，其伙伴风险日趋显现；从商业银行科技应用程度来看，其电子化风险逐步突出；

从商业银行业务内容来看，其表外业务风险越来越明显。

商业银行创新存在着利益的冲突，并且受制于经济金融环境，所以在西方经济学阵营中，对商业银行创新作用的利弊认识存在着较大差异。大多数经济学家认为商业银行创新利多弊少。从创新主体看，商业银行只有预期创新能带来净收益时才会从事创新活动；从社会效果看，商业银行创新不仅能够增强金融活力和渗透力，还能有效地提升市场机制的灵敏度，有力推动金融经济健康稳定地发展。但是少数经济学家则认为商业银行创新的利是眼前的，而弊却是长远而深重的。

第三节　商业银行金融创新的对策

一、完善金融监管体制

金融创新是把双刃剑，在促进商业银行快速发展的同时，也极易产生金融风险。金融危机之后，金融创新的积极作用受到了质疑。所以，金融创新必须与金融监管相适应，如果超出现有的监管能力去创新，就可能出现金融创新的过度与失控，就会引发金融系统性风险或金融危机。因此，金融创新的规模和速度应取决于金融监管者的资源和能力，金融创新必须是在监管者的控制范围内。这也就意味着，如果金融监管者的资源和能力有限，而且不能很快加强和提升，就必须放慢金融创新的速度，严格限制金融创新的范围。因此，要努力构建和完善以银保监会监管为主体、以金融机构内控为基础、以行业自律为制约、以社会监督为补充的银行监管体系，形成严格高效的全方位监管格局，最大限度地促进银行机构的创新。

（一）加强行业专业监管

在明确行业监管责任的基础上，进一步强化相互之间的协调配合和信息共享，加强对金融创新的功能性监管，最大限度地减少金融创新监管的边界模糊领域和真空地带，防止金融创新的失控，防止金融风险的跨行业、跨市场传染。

（二）强化金融机构法人的监管

加强法人的公司治理和法人对风险的整体管控，提高金融机构自身的风险管理能力和水平。金融机构的董事会要制定明确的金融创新战略和风险控制战略，要有严格的风险容忍度；高管层要科学管控金融创新过程中的风险，实施严格的风险管理流程；监事会及内审风控部门要对战略实施情况及相关政策、制度和流程的有效性进行严格监督。

（三）改进金融监管方式

首先要根据结构、功能、风险及风险传染性等特征，对金融创新的业务、产品、工具进行科学的分类，并在科学分类的基础上，在市场准入、审核程序、现场检查、信息披露和监管干预等方面，实施差别性的分类监管。其次，要突出重点，对高杠杆、高风险、结构复杂及风险传染性强的金融创新业务和产品，实施更严格的市场准入、信息披露和监管检查。再次，监管当局要凭借自己的专业能力和判断，对金融创新进行前置性、动态性、差别性、全过程的监管。最后，要严格执行公开、公正、透明的原则，有效监督信息披露的充分性和可靠性，加强投资者和市场对金融创新业务及产品的监督。

（四）改进金融监管手段

要将监管人员的经验判断与信息科技手段很好地结合起来，将非现场监测与现场检查很好地结合起来，将计算机软件模型运用与监管人员的直接抽查检查很好地结合起来。通过改进监管手段，提高监管手段的科技含量，以提高监管效率，科学配置和使用监管资源，增强监管的前瞻性、及时性、针对性和有效性。

（五）完善金融监管的相关制度与法规

对金融创新的有效规范和监管，需要配套制度法规的支持和保障。除了要有相关的监管制度法规、金融业务规范制度法规外，还需要建立和完善金融机构破产关闭的法规，存款保险制度，投资者和金融消费者保护制度，地区性、系统性金融风险的预警、处置机制。

二、构建组织管理模式

从业务创新组织管理模式来看,目前我国的商业银行组织体系是一级法人制,实行集约化经营、专业化管理,分支机构自主权限较小。我国传统银行业组织结构设置纵向叠床架屋,以行政区划各自独立;横向以功能划分,既缺乏制约,又不能协调,严重影响了银行业务创新能力的提升和内部管理效率的提高。在这种组织体系下,基层分支机构即使有创新动机,也没有专门的研发机构和人才。

(一)建立业务创新的组织机构

要有专门负责业务创新的研究开发和组织领导机构,并明确分支机构在业务创新活动中的地位、职能和作用,从而形成一个基于市场需求—可行性论证—产品研发—试点投放—跟踪反馈—改进推广这一流程,各司其职、各负其责、有机联系且有序运转的业务创新管理机制。

(二)构建流程银行的组织模式

流程银行是以银行再造为基本内容的银行变革,银行再造就是以客户和银行核心竞争力为中心再造业务流程,以业务流程为中心再造管理流程和支持流程,最终在金融市场和银行决策层建立起满足客户立体化、多层次服务需要的业务和服务流程。通过根本性变革,流程银行将围绕客户的需求,建立贯穿前中后台,高效、灵活、创新的各类流程,变革组织构架、资源配置与考核体系,来体现和提升核心竞争力。

(三)建立高素质专业人才队伍

商业银行的业务创新离不开高素质的人才。为此,银行除了从国内外的高等院校、金融同业及其他社会机构等引进所急需的专业人才外,更重要的是做好现有员工的理论与技能培训工作,注重扩大员工的知识面,使其掌握更多、更新的专业理论和专业知识,提高其接受新业务和进行业务创新的能力。

三、健全金融创新机制

（一）完善信息传导机制

要尽快完善自上而下、自下而上的多渠道的信息传导机制。国内商业银行的分支机构要提高对市场需求信息、创新产品市场动态的反应能力，不断提出对创新的意见建议，积极向上反映。要加强市场调研，跟踪国内外金融服务、金融产品的新动向，明确战略目标，积极推动业务创新，同时指导经营机构对创新产品的市场营销。

（二）建立产品研发机制

要从战略高度出发，建立健全符合中资商业银行和国内金融市场实际情况、具有前瞻性的业务创新产品目录，依据创新需求的迫切程度，处理好短、中、长期效益的关系，对业务创新产品有计划地组织研发。在产品研发过程中，要注意结合商业银行业务流程实际情况，满足客户需求和风险控制需求，不一味求新，不盲目开发不适应国内市场和加大银行风险的产品。

（三）建立考核激励机制

明确业务创新开发、研制、管理等方面的要求；明确部门间的权责；明确业务创新的奖惩措施，从战略高度建立和完善金融创新的激励机制，最大限度地激活创新的内在动力。在加大物质激励力度的同时，要注重精神激励，形成尊重人才的浓厚氛围。考核激励机制在注重强化创新精神的同时，要培育风险防范意识；在注重考核创新产品数量的同时，要注重考核创新产品产生的效益。

（四）健全法律保障机制

要为商业银行业务创新提供法律保障，通过对商业银行业务创新知识产权的保护，对有利于经济发展、扩大金融消费的金融创新产品给予政策优惠，如允许商业银行申请业务创新产品的专利权，给予商业银行的业务创新一定的保护期。对于一些创新产品，还要给予法律上的保障。

四、建立风险管理体系

金融机构在设计金融创新产品时,首先必须自觉地将其风险降到最低,并建立起严格的制度来落实风险防范措施。要建立起有效的创新业务的风险预警机制,自觉利用市场来检验各种创新业务,监督其风险,适时完善创新产品,并建立起有效的风险预防体系和严格的后续监督机制。对于一些目前我国还不具备发展条件、投机和虚拟性较大的金融创新,应认真研究,严格控制,审慎发展。

(一)树立风险成本理念

目前部分商业银行对金融创新的风险成本没有正确的认识,因惧怕产生风险使得创新缺乏动因。开展业务创新,就必须树立风险成本理念,鼓励大胆尝试,包容失败。引导员工以积极的方式对待业务创新,勇于进取,敢于承担创新风险。

(二)明确风险管理原则

首先,金融机构在创新产品、推出新业务时要遵循谨慎决策的原则,切勿盲目从事,急于求成;其次,还要遵循分散风险的原则,扩大经营范围,实行多元化经营,以达到分散风险的目的;最后,还要遵循规避风险的原则,避开高风险业务,以达到规避风险的目的。

(三)建立风险防范制度

金融机构要统一建立有效的、切实可行的风险防范制度,并结合自身的特点,在实践的基础上建立一套科学的风险预测评估指标体系,通过该体系,随时对各项业务创新的风险做出比较准确的监测和判断,测算风险的时间、风险发生的环节、风险量,以及风险化解的可能性,及时通过系统指导各银行解决问题,化解风险。同时,通过建立动态风险报表,随时发现业务创新中存在的风险隐患,并协同业务部门就该风险制定措施,降低风险的发生率。

（四）加强创新主体内部监管

金融创新主体应根据自身的规模、资金、能力等确定表外业务占全部资产额的比例，并把握好表外头寸。同时，表外业务与表内业务要分开管理，建立完善的表外业务报表制度，加强表外业务的统计和核算。此外，还要加强对表外业务定期与不定期的内部稽核，及时发现表外业务经营中存在的问题，并制定出应对突发事件的措施。

第六章 金融经济科技：
相互赋能中不断革新

第一节 数字经济下金融领域的变革

随着移动互联网、云计算、大数据、人工智能、物联网、区块链、网络安全等先进信息技术应用的迅速发展，全球信息化进入全面渗透、跨界融合、加速创新、引领发展的新阶段。金融与科技融合创新，催生金融科技浪潮席卷全球。传统金融机构积极利用金融技术推动业务创新和经营转型，一大批新兴科技企业、互联网金融服务企业积极融入金融领域，迅速发展壮大。传统金融机构、监管机构与新兴金融科技企业等共同构成一个金融生态体系，推动着我国金融业的创新、变革与发展。

每一次技术进步都推动金融业随之发生变化。数字经济给金融业带来的最大变革，是推动科技在金融中的应用和金融的普惠化。尽管在数字经济时代金融的本质不会发生改变，但智能技术的运用能够降低金融交易的成本，扩大交易范围，促进金融业的普惠化。

一、数字经济催生新金融

新金融与传统金融相比是一种新的金融服务体系，它以技术和数据为驱动力，以信用体系为基石，降低金融服务成本，提升金融服务效率，使所有社会阶层和群体平等地享有金融服务，并且它与日常生活和生产紧密结合，促使所有企业在未来发展中享有平等的地位。

这一定位包含以下四层意义。

（一）新金融以技术为生产力，以数据作为生产资料

金融与科技结合对新金融产生的核心作用在于降低金融服务成本，提升金融服务效率。一方面缓解传统金融在触达客户、系统运营、风险甄别、风险化解等环节中的成本问题，极大地降低单客边际成本；另一方面以高效的算力和智能的算法，结合广谱多维的数据，极大地缩短从前人工方式需要数天甚至数月的服务周期，甚至达到实时水平，同时避免人为判断失误等，实现更精准、科学的决策。而金融服务成本降低和效率提升，将最终体现为两方面：一是拓展金融服务的边界，服务于更多人，服务于更多生活和生产场景；二是提升金融服务的体验，让消费者享受安全、便捷、丰富的金融服务。

（二）信用体系不只是新金融的基础，也是整个新商业文明的基石

信用体系的作用在于消除信息不对称，建立互信关系，它不只是金融服务的基础，更是整个商业文明的基石。传统信用体系存在数据来源单一、更新频率低、用户覆盖不足等问题，新金融基于广谱多维、实时鲜活的数据来源，通过高效的算力和智能的算法，建立健全大数据征信，极大地补充了传统信用体系，并且不只用于信贷、保险等传统金融领域，更拓展至出行、住宿、教育、就业等更多与日常生活息息相关的领域，成为整个商业文明的基石，推动诚信社会的建立。

（三）新金融通过提供平等的金融服务促进包容性经济增长

新金融首先为所有社会阶层和群体提供平等的金融服务，尤其是普通消费者和小微企业，保障社会所有群体共享普惠金融的红利。更进一步地，新金融作为新商业文明的重要一环，进一步发挥金融在资源优化、匹配新供需关系上的作用，让所有社会阶层和群体在公平的环境中共享未来发展机会。

（四）新金融服务于实体经济，与日常生活和生产紧密结合

新金融真正将金融与生活和生产融为一体。对普通消费者而言，金融不再是冷冰冰的传统金融产品，而是支付宝、退货运费险、芝麻信用分等，已成为"家常便饭"，这些促使普通消费者生活方式的改变。对企业，尤其是小微企业而言，支付服务解决了零售服务"最后一公里"问题，基于大数据的企业征信和小微贷款解决了"融资难"问题，低门槛、低成本的金融服务成为"大众创业、万众创新"的保障。总之，新金融融入日

常生活和生产，与新零售和新制造等新商业文明有机结合，能更好地服务于实体经济。

二、数字经济改变金融业

新金融出现有两方面原因：一是数字经济时代下数字技术大发展为新金融提供驱动力，降低成本，提高效率；二是新经济需要以普惠为核心的新金融有力支撑，匹配供需两侧优化。

（一）数字经济时代下数字技术大发展为新金融提供驱动力，降低成本，提高效率

技术驱动是新金融发展的驱动力，也是新金融最鲜明的特色，通过数字技术发展，有效解决金融服务的触达、认证、风控、运营、审计等环节的难题。数字技术的核心作用在于降低成本和提高效率两点。最终目的在于：一是拓展金融服务边界，让金融能服务更多人、更多商业场景；二是提升金融服务体验，让所有人能平等地享受便捷、安全、可信的金融服务。

具体来说，移动互联技术有效解决过去金融获客成本高、用户体验不佳的问题，让金融以低成本的方式便捷、有效地触达社会各个群体。大数据极大地消弭金融服务最核心的问题——信息不对称，有效甄别风险，保障消费者权益不受侵害，同时让金融服务风险损失可控、可持续发展。生物识别通过交叉使用人脸、眼纹、虹膜、指纹、掌纹等多个生物特征，已可实现比人眼更精准的远程识别，解决"如何证明你是你"的难题，尤其是为边远地区传统金融服务难以触达的地方提供便捷的金融触达功能。人工智能技术提升大数据处理效率，并能够通过深度学习的方式不断迭代升级，模拟人类思考方式，用技术拓展金融服务的边界。云计算通过低成本、高扩展性的运算集群极大地降低金融服务运营和创新成本，并提升其服务效能。区块链技术让资金和信息流动可审计、可追溯，保障金融服务透明可信。相信未来还有更多的数字技术被用于新金融服务，为其发展拓展更多想象空间。

（二）新经济需要以普惠为核心的新金融有力支撑，匹配供需两侧优化

过去几年，中国人口红利所带来的传统动能正在逐步减弱，取而代之的是不断发展

以创新驱动的新动能，生产要素通过供给侧结构性改革正在逐步实现结构性优化，生产小型化、智能化、专业化成为产业组织新特征，其中，生产更灵活、更富有创新活力的小微企业作用日渐凸显。另外，从需求侧角度来看，传统由投资和出口拉动的"三驾马车"正转变为消费驱动。一方面消费需求规模正在快速增长；另一方面消费方式也正在升级，模仿型、排浪式消费阶段基本结束，个性化、多样化消费渐成主流。

英国经济学家、诺贝尔奖获得者约翰·希克斯（John R. Hicks）曾以"工业革命不得不等待金融革命"指出经济与金融相伴而生的发展关系。如何匹配供给侧结构性改革，为小型化、智能化、专业化的生产提供金融动力？如何促进需求侧优化，为不断增长的个性化、多样化、便捷化的消费提供金融支持？其核心问题在于有效解决"普惠"难题，即改变过去金融服务围绕大企业和高净值客户的"二八金融定律"，而为千万家小微企业和十多亿普通消费者提供平等的金融服务。

从供给侧角度看，小微企业无法获得服务的主要原因在于单体服务成本高、风险甄别难度高这两方面，而这正是新金融的优势所在。一方面，通过移动互联、大数据、云计算、人工智能等技术不断降低获客和运营所带来的可变成本，单个小微企业的服务边际成本已趋于极低，为包括小微企业在内的所有企业提供平等的金融服务已成为可能；另一方面，技术和数据驱动的、不断完善的社会信用体系已成为新金融的基石，企业信用数据覆盖面的提升也降低了甄别风险的难度，让更多的小微企业可被纳入金融服务范畴。

案例：网商银行的小微贷款基于大数据和云计算技术，为小微企业提供"310"贷款服务（三分钟申请，一秒钟到账，零人工干预），已经为超过400万的小微企业提供超过7000亿元的贷款，户均贷款余额不到3万元，为全社会"双创"发展提供金融支持。从需求侧角度看，传统金融服务具有一定门槛，使得普通消费者难以获得足够的金融服务；金融产品在普通消费者中的接受程度较低，人们在日常生活中难以享受金融服务的红利。新金融与传统金融相比，在这两方面有极大的改善：一是通过技术驱动降低金融服务门槛；二是通过与日常生活场景紧密结合，为用户在生活中提供便捷、丰富、实用的金融服务。

例如，芝麻信用为上亿信用记录缺失而被金融服务拒之门外的用户提供大数据征信服务，并提供不断丰富的征信应用场景，如租车和租房免押金、办理出国签证、申办信用卡等；余额宝将理财门槛降低至一元起，普通大众通过互联网理财在享受一定收益的同时还可方便地用于日常消费；场景保险中的典型代表"退货运费险"，解决了消费者和小商户间的互信问题,减少因交易摩擦而产生的成本,其中大数据技术有效解决了保险中的"逆选择"难题;支付宝为消费者提供快捷、安全的支付体验,用户即使在偏远农村地区,也可通过互联网方便地购买货物。

三、金融业新形态

(一)服务实体经济

新金融的价值意义在于它能促进社会向更好的方向发展,发展为一个更公平的社会、一个更高效的社会、一个更诚信的社会、一个可持续发展的社会,同时,新金融及其价值在全球都可复制。

(1)更公平的社会——普惠金融体系促进包容性经济增长,金融民主化为所有个体提供未来发展机会上的公平性(普惠)。

借助数据和技术,新金融致力于消除由于金融服务成本、风险和效率问题带来的不平等,让每个用户都享有平等的权利,自由获取所需要的金融服务,进而促进整个社会在获取生活改善与未来发展机会上的公平性。

数字普惠金融作为可持续与包容性增长的有效实践,其作用在 G20 杭州峰会期间被世界各国所认可,并通过《G20 数字普惠金融高级原则》向全球推广,大力推动金融体制改革。

(2)更高效的社会——重构资源组织、供需匹配,以便捷高效的金融服务满足经济发展需求(新供需关系)。

提高资源配置效率、优化供给和需求两侧匹配关系是经济学的核心问题,新金融依托技术和数据,在服务上不断创新,既满足小型化、智能化、专业化的生产供给,也满足个性化、多样化、便捷化的日常消费。

新金融对消费型经济的促进已初露端倪。以网络支付为例,作为电子商务发展的底盘,激发消费潜力,在世界范围内换道超车,取得领先地位。其他包括消费金融、大数据征信、消费场景保险等金融服务也成为结合生活场景提升消费便利性和安全性,进一步刺激消费的有益创新。

(3)更诚信的社会——完善商业文明的信用基础设施,推动诚信社会的建设(信用社会)。

信用体系不只是金融服务的基础设施,也是整个社会经济发展的基础设施。"车无辕而不行,人无信则不立。"信用本质是甄别风险,解决各个场景中的信息不对称问题,在不同场景下具有灵活多变的特性。如在金融领域,信用体系可成为风控手段,应用于反欺诈和信用卡、信贷审核等,提高准确率和覆盖率;而在生活领域,则可解决商户与人、人与人之间的信任问题,在出行、住宿、签证、招聘等一系列生活场景中提高双方便捷性和可靠性。

但是传统征信体系并不能覆盖全社会企业和个人。央行主导的中心化征信体系负担过重,需要更多市场化的力量加入,共同促进个人征信产业的发展。

在用户授权的前提下,大数据征信依据用户各维度数据,运用云计算及机器学习等技术,为个人或企业提供信用肖像的刻画,成为传统征信体系的有机补充。与传统征信体系相比,大数据征信具有数据源广谱多维和实时鲜活的特点。

同时,个人良好信用积累所带来的更便捷的生活方式,将对消费者和企业有良好的示范作用,助力诚信社会的建设。

(4) 可持续发展的社会——推动绿色金融发展,以可持续发展的方式建设节能低碳社会(绿色金融)。

中国人民银行在"十三五"金融业发展规划中强调绿色金融体系的建设,通过金融服务促进社会经济可持续发展。新金融通过数字技术触达用户,天然具有低碳环保的特点。比如蚂蚁金服所有金融服务都在线上完成,没有线下网点,包括水、电和燃气等便民缴费让广大百姓减少了许多奔波,而且电子票据取代了纸质票据,这间接减少了碳的排放量和树木的砍伐量。

(5) 可复制——新金融的发展模式及社会价值可推广至全球,为世界所共享(全球化)。

新金融实践不仅在中国获得成功,在世界范围内,尤其是发展中国家,也被证实是可行、可复制的。2015 年年初,蚂蚁金服投资印度电子支付平台 Paytm,并为其提供"金融云"服务等技术支持,助力 Paytm 在一年间突破业务瓶颈,根据 2016 年 4 月发布的数据,其活跃用户数已达 1.22 亿,是 2015 年年初的近 5.6 倍,跻身世界前四的电子钱包服务提供商。新金融模式被证实不只"成于中国",更可"享于世界"。

（二）数字普惠金融

根据国务院 2016 年印发的《推进普惠金融发展规划（2016—2020 年）》，普惠金融指立足机会平等要求和商业可持续性原则，以可负担的成本为有金融服务需求的社会各阶层和群体提供适当、有效的金融服务。近年来，尽管普惠金融发展迅速，但仍然面临着成本高、效率低、"最后一公里"难以打通、商业可持续性不强等一系列全球性难题。随着数字化时代的到来，普惠金融与数字技术加速融合创新，为解决上述难题提供了一条可行的路径。

根据《G20 数字普惠金融高级原则》，数字普惠金融泛指运用数字技术来促进金融普惠。它具体包括：运用数字技术为原先无法获得或者缺乏金融服务的人群提供一系列正规金融服务，所提供的金融服务对于被服务对象而言必须是适当的、负责任的、成本可负担的，同时对于金融服务者而言是可持续的。

《G20 数字普惠金融高级原则》同时指出，数字普惠金融服务涵盖金融产品和服务，具体包括：支付、转账、储蓄、信贷、保险、证券、理财、对账等。这些产品和服务通过电子货币、支付卡或传统银行账户等数字技术得以实现。

数字普惠金融在概念上可以看作数字金融与普惠金融的交集，其中也包含部分互联网金融业务，如网络借贷、互联网支付、网络众筹等。

1. 数字技术提高普惠金融服务的可获得性

数字普惠金融依托（移动）互联网、云计算等技术，突破传统金融服务的时间和地域限制，提高了金融服务的可获得性。用户可以通过数字化的交易平台进行支付、转账、投资等业务，由此产生的交易数据可以为相关的征信机构提供征信依据，以便为用户提供更好的金融服务。此外，民间资金可以通过 P2P（peer to peer lending，个人对个人）网贷平台、众筹平台等普惠金融机构，在基于网络和移动通信技术的基础上实现"面对面"融资，加大金融市场的供给，提高农户、特殊人群和中小企业融资的可获得性。

2. 数字技术提高普惠金融服务的覆盖面

数字普惠金融通过电脑、手机及其他移动终端提供金融服务，扩大金融服务覆盖范围，尤其是在农村地区。数字普惠金融改变了原有的服务提供方式，不论用户在偏远的地区还是在大城市，只要有电脑或者手机就可以获得金融服务，而不再需要通过固定的营业网点。以信贷为例，P2P 网贷平台可以实现在线信用贷款，不需要用户提交纸质资料，并且审核时间较短，通过平台的审核后，客户就可以在线获得借款，并且在线完成还款。

3.数字技术降低普惠金融服务的成本

传统的金融机构的服务范围依赖于其分支机构的数量和分布位置,服务范围的扩大必然伴随着营业网点的增多,办公场地、人工服务等都需要成本支出。如果为农村和偏远地区人口提供金融服务,则成本和难度都会增加。数字普惠金融不需要传统金融服务依赖的基础设施,不需要实体营业网点,通过互联网就可以提供金融服务,成本支出明显下降。

数字普惠金融还改变了风险管理的方式,金融企业通过互联网、云计算等对数据进行挖掘分析,例如腾讯征信数据来源主要是社交网络上的海量信息,比如利用支付、社交、游戏等情况为用户建立基于互联网信息的征信报告。电子商务平台(淘宝、京东、拼多多等)征信数据来源主要是大量的消费者和平台商户及供应商的交易数据、退换货数据等。对这些数据进行分析,能够准确衡量个人和企业的信用等级,从而降低信息收集、线下审核和风险管理的成本。

中国正在形成以消费为主导的经济增长新格局,部分大城市居民消费水平已接近日本、韩国,主要具有以下新特征:

一是消费新内容。居民的消费结构随收入增长呈现"先商品后服务"的阶段性特征,未来将是医疗护理、娱乐、金融服务保险占比不断攀升的时代,与闲暇生活相关的服务、娱乐、体验式消费刚刚起步,虚拟形式的内容及服务,如直播等将拥有更为广阔的发展空间。

二是新一代消费。伴随着互联网长大的"数字原住民",他们身上聚集了两代人的财富,具有较高的消费倾向和超前消费意愿,追求在产品形成和消费中的参与感,并乐于分享。

三是个性多样的消费。中国城镇化进程的差异、居民收入阶层的多样性、年龄的层级分布等决定了中国未来消费的阶梯特征,如农民工消费普及和中产阶层消费升级并存,二、三线城市复制一线城市的消费潮流之后再向其他城市扩散,"80后"和"90后"成为消费主体同时伴随"银发消费"的崛起,女性消费特性在互联网时代被放大。

四是消费新价值主张。与炫耀性消费不同,消费新价值主张以鲜明、年轻、时尚和自由为特征,消费更加回归理性,主要目的是"愉悦自己",那些给消费者带来差异化终极体验的商品和服务将凸显竞争力,博得溢价,成为赢家。

第二节　数字科技服务金融：人、信息、场景的全方位变革

数字科技服务金融，基于四个维度对金融领域中的场景、用户、产品和运营进行全面数字化，并以数字化服务方式输出。

场景方面，通过数字科技可将传统金融服务全方位融入线上场景，并对线下场景进行智能化升级。

用户方面，数字科技在采集、分析数据方面显现了极大的便利性。一方面，在科技的助力下，金融服务所能触达的长尾客户既包含了金融服务不足的人群，也包含了融资难的小微企业，真正实现了金融服务的全方位下沉；另一方面，金融机构能够对存量用户进行分层和精细化管理。

产品方面，以信贷产品为例，数字科技的应用可以覆盖到产品涉及的获客、营销、审核、定价、风控等环节，从而使金融产品形成一个全流程的解决方案，并实现数字化输出。其中，数字科技既是效率优化工具，又是收入增长工具。

运营方面，借助人工智能的自动化决策和处理能力，实现了认证、筛选、客服、监控等环节的智能化，可以极大地简化、规范工作流程。

运用数字科技，可以将金融服务中的人、物、场、资金流、信息流全面数字化，这是数字科技企业的核心优势。基于这个内核，数字科技企业致力于风险定价，相继开发出数字化的消费金融、供应链金融等金融产品，也使服务覆盖至被传统金融忽视的小微企业、年轻人群体。此后，数字科技金融服务又不断演进，服务的对象逐渐由C端转移至B端，开始输出自身的数字化能力，为金融机构提供数字化的企业服务：一是助力金融机构将数字资产化；二是助力金融机构将资产数字化，从资产端和资金端降低成本、提高效率、增加收入。

一、场景维度：无界融合

传统银行过去采用的是传统的商业模式，用户获得金融服务受限于银行线下网点或银行 App（application，应用程序）。与数字科技企业的合作，有助于传统银行打破场景的限制，将数字化服务输出至更丰富的场景，或将场景数字化引入原有的服务，打造 O2O（online to online，线上到线下）全方位服务体系。

（一）线上场景全方位融入

为满足传统银行线上创新的需求，数字科技企业在其优质场景资源中，将银行产品及服务插件化，为银行客户提供轻便快捷的场景化金融服务。

为帮助商业银行、消费金融公司、小贷公司拓展获客渠道，协助风险管理和产品运营，数字科技企业可搭建高效化、标准化、规模化的贷款超市，利用其优质用户流量，为金融机构导流，实现场景对接，帮助银行获得用户、产品、数据、风控、贷后等支持，同时确保银行信贷审核速度和放款速度标准化、流程化，提升用户体验。

此外，和传统的银行 App 相比，数字科技企业与商业银行共同打造的场景融入式的数字银行，将数字化的金融服务通过 API（application programming interface，应用程序接口）接入数字科技企业提供的海量互联网场景中，用户无须下载程序就可以直接使用银行服务，可以即插即用，其 H5（第五代超级文本标记语言）页面可灵活搭载适合特定客群的功能，如卡片般灵活嵌入不同类别的场景，比如微信朋友圈和直播等各种社交、娱乐、消费类的 App 和网站。

数字科技企业全程对接金融机构，采用标准化的运营方式，提供不同的金融产品，注重用户体验。基于合作机构的各项指标，如额度、利率、审核通过率、审核速度、放款速度、用户投诉等情况，淘汰不符合要求的合作机构。这种优胜劣汰的机制，也倒逼合作机构去提升产品能力和风控能力。

（二）线下场景智能化升级

随着越来越多的用户转向线上、移动端交易，传统银行线下运营受到强烈冲击，急切寻求线下业务的创新与改变。在发展线上场景的同时，传统金融机构也在寻求线下场景智能化、服务精准化的转型。

借助数字技术支持,可对传统金融的线下网点进行智慧升级。数字科技企业通过有效运用人脸识别技术、图像融合技术,使用户能够刷脸登录账户;通过多屏互动技术、激光雷达、全息投影、客户洞察和情绪分析等相关技术的植入,实现金融机构的线下网点智慧升级,从而实现客流分析和预测、客户情绪分析,提高服务效率;通过配置客户360°信息视图、营销机会管理等功能,对用户相貌、身材、穿戴等进行多层次识别,判断用户的年纪、爱好、审美,甚至情绪,银行将进一步智能推荐匹配产品,提升用户体验。同时,通过线下的数据采集,运用大数据、人工智能等前沿科技,可以使客户充分享受智慧零售金融新体验,并与线上的服务相匹配,实现无界融合。

二、用户维度:精准包容

过去,传统金融机构受限于空间、技术等因素,提供的金融服务"一刀切"且覆盖面较窄。数字科技企业打造出量化营销平台,通过自身的数字化科技优势,可以从两方面解决问题:一是将存量客群分层,精准营销和管理,降低欺诈和信用风险,并实现利润最大化;二是帮助金融机构用较低的成本和较高的效率接触全新客户群,覆盖以往接触不到或服务成本过高的客户群。

(一)存量客户:对用户精准分层

数字科技使金融机构能够精细捕捉客户的个体差异,让传统市场的客户群体实现精致细分,将帮助传统金融机构实现更加精准的风险定价与用户运营,实现个性化的服务。

一方面,得益于大数据技术,金融机构可收集的数据维度更加全面,时效性更强。例如通过客户的电商平台交易记录、社交媒体动态以及网页浏览记录等信息,对其行为数据进行全面、及时、准确的捕捉。在全面搜集数据的基础上,可为客户群体贴上更加细致、准确的标签,把客户群体分解成同质性更高的细分类别。

另一方面,金融机构在进行市场细分的同时,可以将不同种类客户群体与营销活动相关联,针对用户的真实需求为其提供个性化服务。如在信贷业务中,客户会看到不同的页面呈现或者不同的服务引导消费信贷;也会有不同的利率产品,为客户推荐最优解决方案。

（二）新增用户：扩大金融服务半径

传统线下获取客户的方式使传统金融机构难以深入所有地区和客群。特别是传统银行机构在触达零散、小规模的客群方面成本过高，风险难以控制，往往使之成为普惠金融服务中"最后一公里"的掣肘。

在数字化的科技红利下，任何零散、小规模的客群都可以成为一种新的细分用户群，成为金融机构的潜在用户。相比于传统金融机构，数字科技企业借助其数据、场景和技术优势，提升风险控制、风险定价水平，从而让传统金融无法或无意愿触达的小微企业、农民群体及年轻群体切实享受到金融服务，扩展了金融机构服务的覆盖范围，真正实现金融服务的全方位下沉。

三、产品维度：整体优化

数字科技企业的服务有别于传统的企业服务外包，其提供的服务与产品既可以嵌入优化升级原系统，也可以直接嫁接；既是效率优化工具，又是收入增长工具。

在产品维度，以京东数字科技推出的业内首个贯穿零售信贷业务全流程的作品"北斗七星"为例，其基于数据的科技服务，可以覆盖业务的各环节，在客户引流、数据、风控、用户体验等方面提升效能。类似的数字化产品不应简单理解为单纯的科技产品，其背后是数据和技术能力的支撑。全流程的产品数字化方案还可以拓展应用到更多金融产品中。

（一）获客与营销

在多数用户接触互联网的现状下，寻找客户、转化客户及运营客户一直是传统金融机构在获客和营销环节的短板。拥有海量线上场景和优质流量数据资源的数字科技企业，可以发挥智能撮合平台的作用，连接金融机构、用户及互联网场景，有利于银行线上获客、用户识别、用户转化及用户运营。

从数字科技企业的角度看，在场景接入方面，依托内外部庞大的流量优势，数字科技企业具备帮助银行全面接入优质流量、无缝接入各大合作场景的能力；在精准获客方面，通过建立联合前置规则与智能匹配引擎，支持覆盖客群定向推送，数字科技企业能满足银行对于精准用户匹配推荐的需求，帮助银行进一步筛选优质用户、保证用户质量；在用户运营方面，对睡眠客户和低价值、低活跃客户以及高价值客户进行细分和优化。针对睡眠用户，京东数字科技为银行提供针对性唤醒策略；针对低价值、低活跃客户，京东数字科技则为银行提供交叉销售机会和交叉销售策略引导；针对高价值客户，京东数字科技根据优质客户特征，寻找特征相近的潜在客户，并提供触达建议和工具。

从传统金融机构角度看，通过数字化的运营策略及运营分析工具，可以实现精准寻找客户、多途径触达用户，还能实现线下已有多样化产品（如支持信用贷、车房贷、抵质押贷等多种类型的贷款产品接入）向线上服务转变的重要升级。同时，结合银行已有产品、渠道能力等自身优势，利用互联网金融公司的运营经验和场景，借助小程序、活动页面搭建平台等运营工具，金融机构可以实现营销活动效果可量化和可对比化，为持续优化运营模型和策略提供决策依据。

（二）审核与反欺诈

当前，多数传统金融机构的信息采集与身份识别等审核机制及反欺诈手段仍大量依靠人力，数字化与智能化水平较低。这一环节是数字科技中人工智能技术应用的重要阵地。

在审核方面，数字科技企业能为金融机构提供基础 AI（artificial intelligence，人工智能）服务，量化审核用户信用，可在降低金融服务审核准入门槛的同时，帮助传统金融机构建立高效信息获取和风险管理机制。经验丰富的数字科技企业基于海量行业业务数据的调用和认证，充分验证服务的稳定性和有效性。主流的服务包括活体识别、人脸识别、语音识别及卡证识别等，通过实时采集对比用户影像、语音，完成活体校验流程，通过 OCR（optical character recognition，光学字符识别）技术完成用户证件校验比对，最大限度地为银行降低身份识别过程中的风险。

在反欺诈方面，数字化反欺诈技术可分为数据采集和数据分析两种技术类型。其中，数据采集技术主要是应用于从客户端或网络获取客户相关数据的技术方法，包括设备指纹、网络爬虫、生物探针、地理位置识别、活体检测等；数据分析技术是指运用数据分析工具从数据中发现知识的分析方法，包括有监督机器学习模式、无监督机器学习模式和半监督机器学习模式。

数字科技企业可将数字化反欺诈技术应用于反欺诈事前、事中、事后全流程。在事前评估阶段，依托大数据技术建立完善的风控模型和应用策略体系，使传统银行能够剔除高风险用户，为安全交易建立第一道防线，防患于未然。在事中监控阶段，风险订单监控系统可以对异常账户和套现风险进行实时监控和全面预警，通过各类数据接口、技术手段和安全体系对异常交易进行拦截。在事后处理阶段，将识别出的套现欺诈信息关联扩散后加入黑名单体系，进行策略和模型优化升级，从而更精准地识别和拦截欺诈交易，提高欺诈分子的作案成本。

（三）评估与定价

差别定价可以实现为有不同弹性需求曲线的用户匹配不同的产品或价格序列，从而将企业利润最大化。如从用户角度分析，传统金融机构进行客户分层主要依赖于一些静态的强金融特征，通过人工方式作出判断，结果客观性不足，不能适应客户特征的多样性。而人工智能可以通过不断测试，找到最佳的客户分层方式，由模型筛选出具有更大购买潜力的客户，找到损失和收益的平衡点，帮助金融机构进行精确的差异化定价。

在国内，利用人工智能进行风险定价的实践首先在保险领域展开。例如，随着网络购物的逐渐普及，退货运费险应运而生，成为保险大数据时代的一个典型产物。借助大数据及机器学习算法，从客户、商家及产品的多个维度分析，建立机器学习模型，通过模型预测出险的概率，结合产品定价方法，进而对运费险保费实现精准预测，真正实现灵活的差别定价，从而降低风险。此外，数字科技企业通过融合、共建、开放输出等方式，与其他传统金融机构展开深度合作，从智能风险定价和其他领域赋能传统金融，基于各自在保险、科技及大数据层面的专业优势，共同在保险创新应用上开展深入合作。例如，通过先进的模型算法、大数据与人工智能技术，对客户群体进行画像和风险分析，探索车险的人工智能定价新模式，从而进一步提升现行车险定价模型预测的精准度和风险区分度，以更合理的价格吸引优质客户。

（四）资产流转

在服务的金融机构的管理资产达到一定规模后，京东数字科技打造开阳 ABS（asset backed securities，资产支持型证券）资产云工厂，助其开展资产证券化业务，实现资产的高效流转。当前，ABS 行业在快速发展的同时，资产现金流管理有待完善、底层资产监管透明性和效率亟待提高、资产交易结算效率低下、增信环节成本高昂等问题也逐渐暴露出来。

在这种情况下，区块链技术的应用可以有效解决以上问题。在 ABS 领域引入区块链技术，首先需要参与方共筑 ABS 区块链联盟，该联盟由资产方、Pre-ABS（资产证券化前端的融资业务）投资人、SPV（special purpose vehicle，特殊目的载体）、托管银行、管理人、中介机构、ABS 投资人、交易所共同组成。其核心业务包括资金交易对账、交易文件管理、数据交互接口、信息发布共享、底层资产管理、智能 ABS 工作流等。同时，通过 ABS 云连接资产端与资金端，帮助投资机构评估消费金融资产价值，降低消费金融 ABS 发行门槛，促进 ABS 产品发行效率，降低服务成本，并为投资人提供信息披露服务，实时监测 ABS 资产风险，增强各方的风险管理能力，让底层资产真正"看得清""管得住""定价准"。

通过区块链技术结合大数据的运用，至少可以实现五个方面的改善：

一是改善 ABS 的现金流管理。区块链的应用实现了账本自动同步和审计功能，降低了各方对账成本，解决了信息不对称的问题，缩减了银行等机构的服务成本。同时，有效降低了人工干预造成的业务复杂度和出错概率。

二是有利于穿透式监管。区块链技术应用于 ABS 领域，既能确保 ABS 底层资产的真实性，又能检测到底层资产的风险。

三是可以提高金融资产的出售结算效率。区块链技术应用于 ABS 领域使金融债权资产转让效率大大提高，流动性需求与资产转让时效不匹配的问题得到了有效解决。

四是实现资产的有效分层。针对底层资产金额不等、数量巨大的问题，利用大数据技术可获取资产具体画像，并对风险进行分层，实行差别定价，提升流转有效性。

五是可以降低增信环节的转移成本。建立点对点的增信保障平台，可有效降低增信转移的成本。

四、运营维度：降本提效

金融行业是劳动和知识双重密集型的产业，而人工智能可以替代重复劳动。借助人工智能的自动化决策和处理能力，认证、筛选、审批、监控、运维等环节可实现智能化，极大地简化工作流程，节省人力资源，帮助金融企业大大提高工作效率和准确率，同时也实现了工作流程的规范化。这不仅可以为企业节约成本，也为客户带来了更优质便捷的服务，提升了客户体验。

（一）智能客服

当前，由于业务量的激增，人工客服压力直线上升，客户满意度下降，企业对客服机器人的需求正在急剧释放，开始寻求技术支持来实现客服行业的转型与升级。基于以上背景，京东数字科技赋能人工智能技术，采用深度神经网络技术变革传统客服行业，打造 JIMI 智能客服，实现向智能化机器客服的转变，帮助企业提升客服运营效率，提高客户满意度。

目前，JIMI 智能客服在利用海量数据的基础上，利用自然语言处理、深度神经网络、机器学习、客户画像等强大的技术，能够完成全天候、不限量的客户服务，涵盖企业业务的各个环节，实现拟人化应答，做到平均响应时间不到 1 秒，应答准确率达 90%，客户满意度达 80%。京东数字科技更针对不同企业的业务类型差别，为企业提供应答模型定制化服务，实现精准应答，后台维护也更加便捷。基于人工智能的 JIMI 智能客服实现了以往需要人工参与才能完成的部分服务工作，进一步解放了企业的人力成本，是目前新型客服方式的代表。

（二）智能巡检

随着大数据和云计算的发展，IT 基础设施呈现爆发式的增长。目前，绝大多数机房的巡检工作需要运维人员人工操作完成，但巡检时间长，人工成本高，巡检数据的准确性和及时性无法得到充分保证。

为帮助企业高效完成机房巡检、维护等工作，京东智能巡检机器人应运而生。结合生物识别、计算机视觉等领先技术，智能巡检机器人高效率、低成本地实现了 AI 技术与传统运维场景的无缝融合，在保障机房稳定安全运行的同时，能够大幅度降低运维成本。为了最大限度地降低人力成本，机房人员只需在智能巡检机器人首次自动建图时标记检测点，之后智能巡检机器人就会在设定时间按照设定的巡检线路进行自动巡检。为满足客户的个性化需求，并符合真实场景设计，智能巡检机器人在整合大数据、云计算、人工智能技术等方面有综合优势，能实现自动导航与避障、自主充电、环境状态（温湿度、粉尘、烟雾、易燃气体、噪声、漏水、火情等）检测、设备检测（设备编码、指示灯、故障识别、仪表读数、开关位置、设备温度等）、人员身份验证、人员跟随与监测、故障告警等功能，并支持离线工作—上传数据和在线实时传输数据双模式。客户可在移动端和计算机后台管理巡检任务，在巡检管理后台进行远程监测，查看更详细的巡检结果及分析报告。除了提高效率、节约经济成本，智能巡检机器人对数据的精准采集和多维处理提升了运维数据的质量和利用率，提升了运维管理的标准化、自动化、智能化水平。目前，智能巡检机器人在机房和数据中心接受了严苛的检验，已充分准备好帮助企业智能化管理机房。

第三节　现代金融经济发展对企业的影响

随着全球经济的不断增长，市场经济体制处于不断完善的过程中，企业在该背景下不管是内部结构还是经营管理模式，都相应地发生了较大的变化。企业要想在激烈的市场竞争中持续发展，不断增强自身核心竞争力，就必须深入贯彻党中央颁布的有关企业调整的法律法规，紧密跟随时代脚步，对企业内部结构和管理模式进行改革创新，进而更好地推动企业健康发展。

一、现代金融经济的内涵

金融经济是金融学和经济学相结合的产物。具体来说，经济学立足于宏观角度以生产消费、产品服务、市场供需等为研究对象，探讨人类对有限资源的优化配置方法；金融学则充分考虑时间、风险维度等因素，分析资源配置，如通融货币和货币资金的风险、利率等。金融经济是更新了货币经济的传统观念，呈现出多元化的学科。随着全球经济一体化，我国经济增长动力转换，金融经济和实体经济存在一定的脱节问题。现代金融经济的发展趋势就是提升对外开放程度、优化社会融资结构、优化市场配置等。现代金融经济与当前社会经济发展相匹配，其不仅能够弥补货币在流通中的缺陷，减小非市场因素在资源配置中的错配概率，还能够维护资本市场的秩序，促进金融和实体经济的良性循环。

二、现代金融经济的特征

现代金融经济不断发展，相对于以往的货币经济来说，工具和手段更加丰富多样，涉及的业务类型也更多，呈现出一定的综合性、信息化特征。再加上当前国内金融市场和国际金融市场相结合，呈现出的黏性更强，不断提高了国内金融机构的适应能力，增强了其核心竞争力。与此同时，互联网金融的盛行使得人们通过手机就能购买各类金融产品，这为现代金融经济体系开辟了更加广阔的空间，并在科技化和人性化的运营模式下，进一步整合资源，发挥优势，延伸业务范围。一部分商业银行在定期、活期存款的基础上，还开展了投资、租赁等业务，在现代金融经济市场下展开激烈竞争。此外，信息技术的应用也为现代金融经济提供了有力支撑，促进了金融服务的自动化和智能化，实现了金融经济的高效运行。

三、现代金融经济在企业中发挥的作用

现代金融经济在企业中发挥的作用主要体现在：

第一，有助于企业优化内部资源配置，减少内部运营过程中一些不必要的资源浪费，同时让企业提高各项资源配置的利用效率，发挥其应用价值，为企业增加经济利润。

第二，有助于企业规划发展战略，让企业制定长期和阶段性的发展目标，进而有针对性地优化改进生产经营管理模式，增加企业经济效益。

第三，完善的金融经济体系还能帮助企业监督各个部门的工作，尤其是在财务工作层面，能够进一步明确企业各个阶段的财务支出和收入情况，盘算固定资产，使企业对资金的运用更加科学合理，各项资金公开透明，更好地促进企业的持续化发展。

第四，企业可以结合金融经济发展情况，完善规章制度，制定合理的激励机制和奖惩机制，进一步明确各个部门员工的工作职责，针对个别表现优异的员工或团体给予奖励，针对个别违反条例的员工进行惩罚，由此强化员工的工作责任感和使命感，增加员工归属感，最大限度地发挥员工工作积极性，为企业的健康发展夯实基础。

四、现代金融经济发展背景下企业存在的问题

（一）管理目标不明确

这一问题是当前国内很多企业都存在的问题，由于金融经济发展存在很多不确定性，市场经济存在很多影响因素，导致个别企业没有结合自身实际情况合理定位，制定明确的发展和管理目标，盲目效仿其他企业，进而衍生出更多问题，严重限制企业的健康发展。还有个别企业一味追求经济效益，目光短浅，没有充分明确自身承担的社会责任和义务，这对于企业的可持续发展也有负面影响。企业领导层的经济管理意识直接影响着企业的发展成效，但是受到各种条件制约，领导层的经济管理意识和金融经济体系下的社会发展不匹配。领导层忽视了企业文化的建设，忽视了以人为本的原则，降低了人力资源管理的作用，没有积极应用信息技术，忽视了新媒体平台的价值，导致企业管理模式落后，缺乏创新性。

（二）发展模式不科学

国内很多企业都存在发展模式不科学的问题，这主要是因为领导层缺乏金融经济意识，对于企业的战略发展理论了解不足，对企业实施粗放式的管理，最终增加了企业运营中的风险，限制了企业的健康发展。企业领导层必须充分掌握相关的金融经济理论知识，并善于学习、善于应用，将理论知识付诸实践，结合企业的经营类型和发展目标，总结出一套科学的战略发展模式，如此才能带领企业发展前进。

（三）经营适应性不强

金融经济体系的发展使得市场变化多端，存在很多不确定因素。企业在该背景下必须有强大的适应能力，做到与时俱进，能够面对市场发展中的各类风险，正确应对，合理调整优化，持续增强核心竞争力。但是，部分企业的经营适应性不强，市场调研力度不足，大数据技术等先进信息技术的使用率不高，没有充分将客户的需求和企业生产模式相结合，进而加大了企业的生存压力。例如，智能化产品的更新速度十分快，很多企业只是一味地生产产品，但是对于产品的改造升级速度很慢，远远无法满足市场的需求，进而逐渐被市场所淘汰。随着产品数量的增多，货物囤积，无法销售，不仅占用了

企业的物理空间，还需要额外花费时间、人力、金钱去管理，加大了企业的生产成本，对企业的健康发展有着严重影响。

（四）企业品牌化意识不强

任何企业都必须注重建立自己的品牌，不断扩展品牌的覆盖面和影响力，塑造正面形象，以此获得更多的社会效益和经济效益。但是，随着市场竞争越来越激烈，企业管理的约束力在不断减弱，不同地区之间的界限逐渐消除，这也迫使企业必须积极创新改革，优化传统的发展模式，通过线上线下一体化经营销售，提升品牌知名度，提高市场竞争力。但是，国内很多企业在品牌建设方面还有很大的优化空间，尤其是部分中小规模的企业过分关注眼前的经济利益，不注重品牌建设和品牌维护，给了其他人模仿盗窃品牌成果的机会，进一步阻碍了企业的发展。

（五）缺乏创新型人才

企业之间的竞争本质上就是人才的竞争，一个企业要想获得高质量发展，研发出更多优质的产品和技术，必然要依赖人才。企业要想留住优秀人才，就必定要付出更多的成本，包括员工的薪资待遇、培训教育等。但是，个别企业并不能给予员工较好的薪资待遇，这就导致员工工作缺乏热情、工作效率低下，久而久之，这种不良风气就会在企业内部蔓延，严重降低企业生产效率。同时，这也是企业缺乏创新型人才的主要体现，创新是企业的根本，但是由于多方面因素的影响，部分企业对于人才的重视程度不够，未给予人才较好的薪资待遇、晋升机会，没有联动人才制定职业规划目标，不注重后期的培训教育，导致人才的工作动力和执行能力不足，因此不利于企业的良好发展。

五、现代金融经济发展下企业的创新发展之路

（一）注重技术创新和品牌创新

人的因素在生产力各个要素中处于主导地位，在金融经济发展进程中，企业家是经济的创造者和推动者。虽然目前国内涌现出了一大批成功的企业家，他们创造了一个又一个商业奇迹，具有坚持不懈的创新创业精神，但是，随着时代的变化，越来越多的人

崇尚享乐主义，在工作中缺乏创新创业激情。基于此，企业的发展必须注重技术创新和品牌创新，始终将创新创业精神作为企业文化中的重点，并加大对创新创业人员的鼓励和奖励，不断激发企业发展活力。企业内部应构建完善的激励机制，给予创新型人才更多的物质奖励、精神奖励和晋升机会，以此满足企业产品升级、技术升级的要求，推动企业强劲发展。同时，企业还应注重团体的力量，加大和周边高校、科研机构的技术合作，不断攻克针对各类产品、软件、施工技术的难题。此外，企业还可以加强和社会资本的合作，拓展融资渠道，加速技术和品牌创新，提高品牌知名度。

（二）主动创新促进产业转型升级

时代的飞速发展使得人们的需求发生了极大的转变，以往人们对生存的需求，逐渐转变为对生活质量、享受的需求。互联网时代的来临，催生了大量的线上直播和线上购物等业务，电商行业得到了前所未有的发展，满足了人们的个性化需求。企业在该背景下，应以市场需求为导向选择行业方向和制定发展模式，不能够盲目生产，造成资源浪费，应根据市场需求进行资源配置。

首先，政府应致力于引导企业投资方向，助推企业转型升级。其次，要进一步深化体制机制改革，并监督部门的工作成效，规范市场行业发展，为企业创设一个公平合理的营商环境。尤其要注重对企业知识产权的保护，发挥企业积极性，让企业能自主维护权益。最后，要制定合理的差异化税费制度，针对国家鼓励发展的行业实施优惠税收政策，推动企业发展。

（三）营造良好的制度环境

企业知识产权保护尚处于建设发展中，还存在不同程度的漏洞，不能够全面深入地保护企业的科技成果，导致企业科技创新丧失主动性。同时，企业在发展过程中还可能面临税负严重、利润薄等问题，这些都是企业转型升级中遇到的困难。为此，政府部门应和当地龙头企业牵手，打造新兴产业集群，促进区域经济的不断发展。虽然我国目前在行业转型升级方面已经取得一定成果，各行各业都有成功的企业榜样，但是和发达国家相比，国内企业的发展还存在很多限制，特别是在技术、管理理念方面存在一定差距，个别小微企业根本没有自己的品牌和技术，完全依赖供应商和上游企业。与此同时，企业的知识产权保护意识薄弱，市场准入门槛较高，这也限制了企业的创新发展。所以，各地政府部门应带领企业积极完善市场经济体制，助推企业各方面资源的优化配置，完善法律制度，为企业发展营造良好的制度环境。

（四）加大人才培养力度

企业必须重视人才的培养和管理，打造高质量人才队伍，增强企业竞争力。经济新常态下，企业应重视人力资源管理部门的构建，始终遵循以人为本的管理原则，并在管理制度、管理模式等方面具体体现出来。一方面，企业应注重前期的招聘环节，根据员工的个性化差异，将员工置于合适的岗位中；另一方面，要确立人才培养机制、激励机制、创新机制等，针对不同部门、不同岗位人才的工作内容，制定差异化的绩效考核制度，以此最大限度地发挥人才的作用价值。此外，在生活中要照顾员工、关心员工，增强员工归属感，帮助员工消除后顾之忧，让员工感受到企业的温暖，并能全身心投入到工作中。企业不仅要保障规章制度发挥其作用，还要尊重员工，做到知人善任；加强对员工的培训教育力度，通过开讲座、外邀专家指导、派遣员工外出学习等方式，不断丰富员工知识，培养员工技能，激发员工的创新精神，使员工将自身和企业联系起来确定职业规划，实现个人和企业的共同发展。

（五）注重生产管理和营销管理

生产管理的目的就是生产出成本低、质量优的产品，以此来满足客户和市场发展需求。企业在内部生产管理中，一方面要加强对成本的控制，另一方面要加强产量质量的控制。具体体现在：

供应链方面，要货比三家，调研市场数据，注重采购环节各项原材料的评价和信息收集，对库存进行准确的把握和更新，对新材料实施紧密追踪，确保原材料质量达到各项市场标准。生产环节方面，要注重工艺的熟练程度，加强对工艺的改进创新，实现订单合理排序，定期对各项设施设备进行维护保养等。质量方面，要严格把控生产各个环节，完成抽查检验。技术方面，要实现现有工艺的改进尝试，实施新材料配比实验等。

营销管理方面，不实行传统意义上的销售管理，而是涉及品牌、文化推广等多个内容，在销售产品的同时附加无形价值，实现品牌战略。具体做法：策划方面，可以从产品的相关活动、会议做起，然后借助新媒体等加大宣传力度。品牌方面，对外树立一个正面的公司形象，精准投放形象宣传广告，逐渐扩大企业影响力。客服方面，可以积极借鉴移动公司等的经验，精细化客户管理模式，挖掘更多的潜在客户，实施一对一的管理服务，提升服务质量，进而推动企业持续发展。市场方面，要及时对市场数据进行收集分析和处理，定期出示市场分析报告，对企业发展的各项风险数据进行预警，为公司的决策提供科学参考。

现代金融经济背景下，企业应顺应时代发展潮流，从多个层面着手，不断优化企业内部结构和经营管理模式，引入先进的管理理念和信息技术，提升生产运营效率，促使企业真正适应金融经济的变化。

第四节　金融经济管理中信息化的应用与实现途径

伴随着我国信息技术的持续发展，我国已经步入了信息化时代，信息技术在各个行业和领域中得到了广泛的应用，不但取得了良好的效果，还推动了各个行业的创新发展。信息化已经成为金融经济管理的一个必然发展方向，各个银行和企业都应该对自己的金融经济管理知识体系进行升级，帮助公司获得更多的信息，帮助公司的经理们做出正确的发展决定，从而推动公司的持续发展。面对这种情况，每个公司都应该充分运用信息技术，建立起一套行之有效的财务和经济管理体系，强化对互联网金融产业的监督，并对有关法律和法规进行改进，营造出一种规范的市场环境，从而推动公司的可持续发展。

一、信息化在金融经济管理中的重要作用

（一）加强对金融企业的监管力度

在金融企业发展不断加速的情况下，要想让企业的经营更加稳健，就必须实施信息化管理，从而发现经营细节上的问题，并提出切实可行的对策。当发现了可能存在的问

题之后，有关人员应当马上进行分析，找出问题产生的原因，以便决策者能够根据实际情况给出相应的对策。从金融企业发展的实际情况来看，金融经济管理具有很大的作用，若不能彻底解决安全问题，将会带来很大的经济损失，因此，要加大金融企业的监管力度。充分运用信息化技术，可以确保数据收集、汇总等工作的顺利进行，从而保证预测的精度。有效地完成信息化工作，可以让有关人员根据具体的数据来分析问题，找出具体的原因，从而找到切实可行的解决办法。并且该方法有很高的参考价值，特别是数据分析的结果更加精确，从而可以对企业未来发展做出准确的预测。

（二）能够提高金融企业的综合竞争力

对于金融企业而言，影响其综合竞争力的因素有很多，要想有效地解决这个问题，就需要满足人才的需求，并开拓市场。信息化管理能够极大地提高企业的竞争力，企业要想在市场竞争中维持优势，就要进行管理模式的创新，确保其与市场发展趋势一致，这样才能保证更好的经济效益。目前，随着信息化建设的不断加速，金融企业要从总体上考虑有关的运营要素，找出问题，并在此基础上进行优化。此外，还要考虑竞争对手。企业要有学习的意识，以其他企业的问题为参考，保证相同的问题不会发生在自己身上。对企业而言，真正地做好信息化工作，可以极大地提升自身所具备的综合竞争力。

（三）能够实现资源的合理配置

在进入大数据时代之后，金融企业所面临的竞争压力明显增大，一些企业开始在国外建立子公司，要确保子公司可以维持稳定运营，使母公司也可以得到一定的经济支持，就必须确保数据信息化程度得到显著提升。从目前的情况来看，造成这种现象的制约因素很多，使其管理难度大大增加。要想使让这些问题得到有效解决，就一定要对信息化的建设给予足够的关注。有关人员可以根据自己的实际情况，来合理地分配资源。做好信息化工作，可以有效地解决运营管理间存在的问题，使管理人员可以真正地了解企业运行的实际情况，发现潜在的问题，并采取有效的措施加以解决。只有母公司、子公司能够实现稳步发展，资源分配更加合理，企业才能维持健康的发展，其本身的竞争力也才会得到极大的提升，从而在国际市场上保持良好的竞争态势。

二、信息化在金融经济管理应用中存在的问题

（一）管理理念落后

由于财务管理的脆弱性，财务管理的实施仍然存在很多问题。比如，管理人员的管理观念比较滞后，就会影响到管理工作的进行。有些管理人员还在使用着比较传统的财务管理模式，他们很难对信息化的财务管理模式感到满意。另外，也有不少经理没有按照公司的实际情况来调整经营计划，造成财务管理计划的可行性很低。也有一些管理人员只把自己的工作重心放在了企业的生产经营上，只关心企业的利益，不去分析企业的实际经营情况。在这种背景下，为保证企业的经济效益，相关的管理人员必须转变观念，积极地学习新的观念，充分发挥信息化金融经济管理的重要作用，为企业的发展提供更多的有效数据，从而达到合理地分配企业资源的目的。

（二）信息化平台落后

虽然信息技术得到了长足的发展，但一些金融企业的信息化建设还比较滞后，无法有效地运用信息化技术。通常，由于金融企业所从事的业务范围较广，因此必须建立一个完善的财务信息系统。然而，在目前的情况下，企业所采用的某些信息平台还不够完善，难以对某些较为复杂的数据进行处理。同时，信息技术相对滞后，使得在实际应用中，数据的精确性往往不能得到保证，所以要充分发挥财务管理的作用，提高财务管理的效率。

（三）信息化建设水平落后

在金融企业发展的过程中，由于缺乏专业的财务管理人员，并且财务管理人员所采用的管理方法也有许多不足之处，因此无法充分地发挥信息化管理的作用，不但工作效率低下，而且工作质量也达不到预期的水平。随着我国金融业的快速发展，越来越多的金融企业也意识到了信息化管理的重要性。使用了信息技术的企业能够通过构建模型来实现生产运营的自动化，这样就能够有效地节约企业的资源，并提升资源的利用率。

（四）信息化仍需进一步推进

信息技术的发展，给人们的生活和工作带来了巨大的改变，在这种背景下，许多高校为了解决国内相关人才缺乏的问题，纷纷开设了信息技术与金融经济管理相关的课程。然而，有些金融企业在运营中并未意识到信息化的重要性，不但没有提供完善的信息系统，而且也缺乏信息系统的管理人员。因为缺乏经济管理信息化的专业人员，所以企业中常常会有一人兼任几个职位的现象，这就给经济管理工作带来了很大的困难。

有的企业在建立了信息技术系统之后，在金融经济管理的过程中，没有充分地运用信息技术系统，从而导致了管理工作效率低下。在全面实施信息化管理的过程中，管理人员缺乏对细节的控制的基础，这就会在工作中产生许多问题，最后也会对信息化管理体系产生破坏，导致企业不能有效地提高工作效率。还有的企业虽然建立了完整的信息化技术系统，但由于缺乏有效的应用，导致金融经济管理工作整体效果不佳。

三、信息化对金融经济管理人才的要求

首先，在互联网金融的背景下，对应用型人才的要求很高，这也是对金融行业的一个要求。在信息技术与金融行业融合发展的过程中，金融主体也呈现出了多元化的特点，在以银行为主的基础金融服务主体之外，还涌现出了许多网络信贷主体。所以，只有既具有传统金融知识又具有现代化信息技术知识的人才，才可以满足社会的需要。与其他的传统产业比较起来，金融行业具有特殊性，它具有很强的变化性、风险性和合作性，因此，应用型金融人才应该具有很好的综合素质，可以应对行业的各种变化，并在发展过程中应对各种挑战。所以，金融人才应该具有创新性和发展性的思维，用一种不断改变的目光来看待金融行业的发展，很好地认识金融行业与其他新兴行业的联系，还可以很好地感知到市场需求的改变，并把这种思想应用到金融产业和服务创新中，从而推动个人和公司的发展。

其次，财务人员必须有良好的沟通和表达技巧，因为许多财务工作都需要一个团队来完成，所以只有准确地表达，才能让财务人员更好地进行沟通，同时也可以让他们更好地发挥自己的作用，从而减少内耗。

四、信息化在金融经济管理中的应用

(一)信息化奠定金融经济管理基础

在多个有利因素的共同作用下,我国的科技水平有了明显的提高,进而推动了信息技术的稳定发展,对拓展现代金融业务和金融服务工作起到了支持作用。利用互联网技术,可以持续地对信息化管理工作进行优化和改进,还可以让金融企业与客户之间的交流变得更加顺畅,为客户提供更多可选择的金融产品和服务。

(二)信息化提高金融经济管理效率

金融经济管理信息化在提升信息收集和处理工作的效率和水平方面发挥了巨大的作用,为金融企业的发展提供了较大的帮助,推动了世界金融市场的平稳发展,在不断提升金融经济管理效率的同时,也带动了金融市场的不断延伸。

(三)信息化提高金融经济服务效率

金融经济管理信息化的发展,推动了金融服务的网络化,使用者可以通过互联网平台,充分地了解到金融机构各种产品的信息,通过身份认证等方法进行登记,从而得到金融企业的服务。此外,金融企业还可以运用信息化手段,全面审查客户的信用记录,最大限度地避免财务风险,扩展自己的经营领域。

五、新形势下金融经济管理中信息化的实现途径

(一)调整战略思想,改变经营理念

随着信息技术的飞速发展,公司必须主动转变发展方式和管理理念,把网络技术融入公司的发展进程,将传统的"点对点"方式转变为"点对面"的方式进行生产经营。此外,这还对企业领导的管理能力和全局观念有了更高的要求,他们必须能根据国内外经济形势和市场变化,来确定适合自己的发展理念,强化对生产各环节的调控,进而提升生产效率。在企业发展中运用合作共赢的发展理念,充分利用资源,增强企业抗风险

的能力。与此同时，公司还必须将信息技术、信息平台等方面的优势发挥出来，构建健全的信息共享与分析机制，并强化对可能存在的风险的评价与预测，从而更好地防范发展过程中的风险。

（二）建立风险监控体系

公司应构建一个能够对各种财务风险指标进行实时监控的风险监控和评估系统。首先，公司要全面掌握自身的偿债能力、应收账款与库存变化以及经营收益等，然后把这些因素综合起来，构建出一套适合公司业务发展的、适合公司经营的财务风险评估指标，以减少公司经营风险的发生概率，减少公司因此而遭受的损失。

其次，由于金融风险具有动态性，难以被完全控制，因此，公司必须有一套比较健全的风险预报和预防系统，并且要有相应的工作人员进行实时、动态的监控，才能准确地了解公司所面临的各种风险以及各项风险指数的变动情况，这样才能保证公司的稳定发展。

（三）优化企业业务分析

企业在进行财务管理时，必须对其所进行的操作进行优化。

第一，要对公司的发展战略目标及目前的运营状况有全面的认识，及时掌握公司的运营状况，以便对公司的运营过程进行优化。

第二，健全与之配套的体制与机制。要结合具体的情况，对各个步骤进行改进，同时要严格遵守相关的规范和标准，确保工作的顺利进行。

第三，在具体执行的时候，要对企业的运营状况有一个全面的认识，对工作的侧重点和难点有一个清晰的认识，这样才能使企业的运营管理更加科学、合理、全面。

第四，强化公司的财务管理。所谓的商业分析，就是对公司财务运作的有关状况进行分析，用财务数据来反映公司在发展中所面临的种种风险和挑战，并从中找出隐藏的规律性，进而为公司提供合理的经营策略，让公司摆脱目前的困境。

第五，要充分利用管理会计中的商业分析功能。管理会计将财务与管理相结合，使公司获取更大的利益，它可以使公司的各项资源得到最大限度的合理分配，从而调动公司员工的工作热情，使公司更好地实现经济效益。

（四）建立先进的信息化平台

有效地建立先进的信息化平台，可以促进有关人员的工作。企业要根据自己的实际情况对有关人员进行培训，以保证信息化平台的价值得到最大限度的发挥。借助信息化平台，企业能够更加顺畅地对有关的数据进行分析，管理人员能够按照自己的需求来获得财务信息，这样就能让数据分析的结果更加精确。对于管理者而言，要清楚地了解公司的发展趋势，并根据自身的经验，对大数据进行判断。要想让公司更加稳定地发展，确保市场的需要，最重要的就是要建立一个信息化平台，特别是要运用更为先进的技术，以便在工作中可以得到数据的支撑。此外，利用信息化平台的作用，可以让有关企业进行信息的交流和共享，特别是在遇到问题的时候，可以在最短的时间内进行沟通，从而找到切实可行的解决办法，保证问题的顺利解决。

（五）加强信息系统建设

在互联网环境下，要推动我国财务会计工作的进一步发展，就必须加强信息化建设，把网络技术运用到企业财务会计工作中去。首先，我们必须构建一个既能提升金融信息处理效率，又能为公司的发展提供数据支持的互联网服务平台。通常，从互联网上获得的规律是比较科学合理的，因此，将有关的结论应用到企业的发展中，能够起到推动作用。其次，在建立公司的信息化体系时，应充分利用公司的财务会计的专业知识，运用互联网技术，对公司的各项财务资料进行分析，以便及时了解公司的经营状况，为公司的持续发展做出贡献。同时，为了保证信息的安全，有效地防范信息泄漏，还必须建立相应的安全保护体系。

（六）提高财务会计人员的综合素质

要使信息化在财务和经济管理中得到更好的运用，还必须加强人力资源的培养。特别是在大数据环境下，对会计人才的全面素质要求越来越高。培训是提高人才综合素质的一个重要途径，可以让财务会计人员更好地提高其综合能力。公司要把培训工作制度化，构建一套健全的员工培训体系，并将该体系付诸实施，从而为公司的发展持续输送优秀的员工。

总而言之，将信息技术运用到企业的金融经济管理中，可以有效地推动企业的健康发展。然而，在进行信息化建设的同时，还必须强化人力资源的培养，强化信息技术的应用，同时还要提升企业的管理水平。在管理的过程中，信息技术仅仅起到了辅助作用，真正的决策依然要由公司决策层来确定。所以，公司要对信息技术进行正确的运用，从而更好地推动公司健康、稳定的发展。

第七章 金融经济创新发展

第一节 我国金融经济创新发展的意义和途径

金融经济是市场经济的一个重要内容,而为了确保金融经济的稳定发展,就需要对传统的金融模式进行改革与创新,建立与现阶段经济发展水平相适应的全新金融体系,不断满足社会经济发展对金融服务的需求。近年来,我国金融经济与信息技术不断融合,尤其在电子支付方面出现了很多新内容,中国人民银行和监管部门也相应采取了一些新的措施,推动我国金融经济不断向信息化方向发展。这将深刻改变大众生活方式,对经济社会各个方面带来深刻影响,带给金融领域前所未有的变革。在此趋势下,现有的金融经济管理模式将面临重大的考验,所以如何化解金融经济发展中出现的问题并找到新的发展途径是本节要讨论的内容。

一、我国金融经济创新发展的意义

(一)增强金融产品的服务功能

在金融经济当中,通过一些新的组合能够创新出更多的产品与功能,这样就可以让我国金融经济的服务能力大幅增强,从而保证多元化发展。另外,金融经济创新可以有效地改善其发展模式,这样一来就可以满足客户的各方面需求,并提高服务的质量,进而向着更加完善的方向发展。

（二）提高金融机构发展的潜力

金融经济在创新与发展的过程中会有一些业务随着市场和用户需求的变化而改变，直到能够满足各方面需求为止，所以金融机构可以扩大业务范畴，这样就能够在不断地创新与改革的基础上进一步体现并挖掘出各方面的潜在能力。另外，金融机构的结算系统效率也会极大提升，这就为金融机构的创新和改革提供了有力的保障，并且他们在服务的水平等方面都会有很强的竞争力。

（三）提高金融市场运作效率

传统的金融市场机制基本上都以行程管理作为监管的主要方式，而且在实际管理工作中管理人员必须自己动手操作才能掌握市场实时动态，如果管理人员出现疏忽或者是不正当的操作就会导致金融监管出现不良的现象，甚至会导致市场失衡。在对金融经济创新发展的分析中能够发现，它在很大程度上提高了金融机构对于市场价格变化的反应能力，这样就可以帮助其稳定合理地发展。另外，对一些金融产品的创新也能够帮助金融机构适应新时期的市场环境，这样我国内部的金融市场就会更加稳定，从而保障投资者的利益。而金融创新在为市场带来一些业务与功能的同时，也可以为投资者增加更多的选项，从侧面也能有效地解决市场不稳定的情况，从而将投资者的风险有效降低。

（四）推动金融市场和金融产业的综合发展

通过对金融经济创新的分析能够发现，在金融产品逐渐增多的同时，它能够极大增强市场金融的竞争力度，这样的话各金融产品就不得不提高自身的质量和服务水平，合理地配置资源，以此来确保我国金融市场创新的可行性，并为更高层次的金融发展打下良好的基础。而且在同一范围内，金融经济创新的科学化也有利于我国金融产业的良性运作，从而进一步激发金融产业的价值。我国金融产业经济的进一步完善，为很多金融机构带来了良好的机遇，他们会积极地进行创新与改革，促进我国金融机构在国际市场上地位的提升。

二、我国金融经济创新发展的途径

现如今,在我国的经济不断发展的背景下,有很多新型的科技也应用到了金融领域当中,这也使得金融经济市场不断地创新和完善,但与此同时也会让国内的金融机构出现更多的风险因素。所以只有在金融产品数量增加的前提下提高其质量和稳定性并加强对管理力度,才能有效地保证金融经济的安全。深入地分析会发现,我国金融经济的整体结构并不是很合理,主要是因为改革开放以后在我国大力发展经济的背景下,金融产业也随之迅速发展,但是由于我国在经济体制上的稳定性和发达国家相比而言存在着一定的差距,所以快速发展也使得人们忽略了对一些科学机制和风险因素防范等体系的建立,这也制约了我国金融竞争力和影响力的提升。从金融经济管理体制上来看,随着金融市场的全球化推进,在融合了信息化技术的基础上,很多金融产品也逐渐呈现出了个性化发展的趋势,一些跨国金融交易极有可能会被一些大型的金融机构所垄断,从而增加了金融风险出现的概率。传统的金融经济在管理的体制上没有跟上时代发展的步伐,因为金融机构只关注经济效益,却忽略了科学管理体制的建立,再加上缺乏监管和约束,所以金融机构的公开和透明度并没有得到良好保证。从金融经济技术上来看,我国在整体上的经济实力和部分发达国家相比存在着不足,尤其是一些金融方面的技术,跟不上经济发展速度。

(一)培养金融人才,优化人力资源

无论是哪一行业都需要人才的支持才能促进自身的发展和完善,所以我国的金融机构要想实现良好的发展,就必须加强对人才的培养与引进,除了和高校合作并建立校企合作的模式来吸引人才和提高薪酬福利待遇之外,金融机构内部也要加强对人才的培训,培养他们的专业技能,这样才能为我国的金融发展提供源源不断的动力。

(二)发挥政府的监管职能

在金融经济市场的创新中,政府必须发挥自身的职能,先对法律进行完善,让金融机构能够受到约束,根据目前国内外市场的发展趋势来制定相关的方针,再加上宏观的调控,这样才能为金融机构创造出更多的发展路径,从而提高我国金融产品的质量。

（三）推动金融行业的多元化发展

金融行业的多元化发展需要对资本市场严格的把握，重视日常的运营和产品以及服务质量，扩大运营的范围，增加产品种类，如此才能跟上时代发展的潮流，并和国际市场有效接轨，以达到多元化发展的目的。

（四）加快推动计算机技术和金融领域的融合发展

金融机构应当积极地引进先进的计算机设备和软件技术，将其和各部分工作以及产品的研发接轨，这样不仅可以加大服务力度，提高问题处理效率，而且也能够科学地监测风险，再加上信息网络的共享，这些都能为金融发展提供各种有效的帮助。

综上所述，金融经济的创新对于我国的经济发展有着很强的推动力，创新能够让国内的一些金融产品不断地更新和完善。但是在新的金融经济市场环境中还是存在着很多的风险和不确定因素，只有真正针对不足之处加以优化和改进，才能实现我国金融市场的良性发展。

第二节 金融经济创新发展的影响因素及解决对策

我国从计划经济向市场经济转变以来，虽然经济水平有了大幅度的提高，但是在经济体系方面仍旧存在一定缺陷，尤其是目前金融经济体系在发展上存在不全面的问题。要想加快经济发展，追求经济繁荣，一定要重视金融经济的创新，这也是我国经济发展过程中需要重点关注的内容之一。

一、金融经济创新发展的内容

（一）金融工具的创新

金融工具的创新是金融经济发展的主要内容之一，这里的金融工具不仅包含固定收益证券，还涵盖权益证券和衍生证券。在我国的经济体制中，这些证券是由银行发行的，由此可知，商业银行在证券方面的创新是金融工具创新中最为主要的方式。在未来经济发展的过程中，金融经济的进步和发展离不开金融工具的创新。

（二）金融机构的创新

金融机构不仅包括银行、保险、信托等机构，还包括证券公司以及基金理财公司等。未来，金融经济的创新和发展必将成为经济发展的主要力量。在这一过程中，除了传统的银行、证券等基础金融机构之外，保险、信托、证券等金融机构的崛起，也对金融机构创新发展起到了促进作用。而且这些新兴的金融机构也能够有效促进金融经济的繁荣。在我国经济快速发展的过程中，金融经济的进步和发展，离不开金融机构的创新和发展。

（三）金融技术的创新

金融技术也叫电子金融技术，主要是对电子金融以及数据挖掘算法进行研究的技术，金融技术还要求对电子金融专业仿真以及基金项目进行研究，这对于金融经济的核算方法、分析系统以及相关衍生产品的研究都有着重要的意义。

（四）金融市场的创新

金融市场是指开展金融交易以及证券、黄金等交易的场所。在传统的金融经济中，银行以及证券交易中心承担了货币证券交易的主要功能，也是金融市场的主要场所。但是随着金融经济的繁荣发展，金融市场也必将产生进一步的创新，并且从事贵金属交易的场所也将越来越多。例如，随着人们经济生活水平的不断提高，人们的保险意识也越来越强，从事这些保险交易的场所，主要集中在保险公司，其中也有很大一部分是在线上进行操作完成的，这也是金融市场创新的主要方式之一。

（五）金融制度的创新

金融经济作为国民经济的一个重要组成部分，必须在国家相关政策的规范和指导下开展合法经营。只有这样，才能保证金融经济的秩序，从而保证金融经济的健康发展。随着市场经济的快速进步以及科技水平的不断提高，在金融制度创新过程中，政府对于金融行业的要求和限制逐渐放宽，而且金融监管方法也得到了信息化、智能化的创新发展，这对于金融经济的创新和发展都有着促进作用。

二、金融经济创新发展的影响因素

（一）政治制度的制约

我国金融经济在创新发展过程中，受政治制度的制约影响较大。我国是一个发展中国家，虽然有着丰富的文化积淀，但是经济发展经验不足，对于金融经济的重视程度不足，导致我国金融经济的发展水平也明显不足。金融经济在发展过程中，受到政府影响较大，国家对于金融经济的制约较多，这也在一定程度上影响了金融经济的创新和发展。在新中国成立初期，我国主要以计划经济为主导。虽然改革开放以来，计划经济已经逐步被市场经济所取代，但是计划经济在整个经济发展过程中仍具有一定影响力，这也就直接造成了金融经济发展速度缓慢、受政治制度制约较大的现象。

（二）金融经济认知偏差

金融经济认知偏差，也是影响金融经济创新发展的主要因素之一。我国是社会主义国家，自新中国成立以来，一直是以计划经济以及市场经济为主导发展经济的。金融经济主要存在于资本主义国家，对于资本主义国家的经济具有重要作用，也是资本主义国家经济的重要组成部分。所以在我国就存在金融经济认知偏差的问题，人们普遍认为金融经济是资本主义国家的经济模式，是资本主义发达国家对发展中国家进行经济入侵的一种方法。所以我国普遍存在对金融经济认知不全面的问题，这也直接限制了金融经济的进步和发展。

（三）金融风险的影响

金融经济在创新发展过程中，还主要受到金融风险的影响，而金融经济本身就自带一定的风险性。随着金融经济在我国的不断发展，金融经济所带来的风险也越来越明显，尤其是2008年大规模的股灾发生以后，人们对于金融经济的风险有了更加深刻的认知，这也就直接导致了人们对于金融风险的恐惧心理越来越严重，造成了金融经济在我国难以得到快速的发展。

三、促进金融经济创新发展的策略

（一）提高金融经济的发展速度

要想促进金融经济的创新发展，就要提高金融经济的发展速度。金融经济是市场经济的重要组成部分，也是衡量经济进步水平的重要标准，随着我国经济的进步和发展，金融经济也必将成为未来的主要经济形式之一。在金融经济创新发展过程中，一定要提高金融经济的发展速度，在金融工具、金融机构、金融技术、金融市场以及金融制度等各个方面，进行金融经济的全面创新和发展，让金融经济在我国快速崛起。

（二）充分发挥市场经济的作用

充分发挥市场经济的作用，也能促进金融经济的创新和发展。在我国传统的经济体制之内，由于计划经济所带来的影响较为深远，这也就直接造成了我国市场经济的作用被弱化。随着经济的进步和发展，我国市场经济与世界市场经济进行了全面沟通和联系，在这一过程中，要充分发挥市场经济的作用，以市场经济发展规律为基础，带动金融经济的进步和发展。在金融经济发展过程中，我国要以市场经济作为主导方向，弱化政府的影响力，政府只需要对金融经济发展过程中的违法行为以及不规范行为进行管理即可。

（三）建立健全的金融经济体系

由于我国金融经济发展时间较短，这也就直接造成了我国金融经济的发展经验较少，所以要想促进金融经济的创新和发展，一定要建立健全的金融经济体系。在金融经济体系内，对于金融经济的管理制度、管理方法，都要进行全方位的规范和管理。对于金融机构、金融制度和金融工具，要进行明确的规范。在金融体系内，也要建立一个健全的金融监督机构，对金融经济发展过程中的各种经济行为进行监督和管理，只有这样才能有效规避金融经济发展过程中的一些违法行为，这对于保证金融经济的健康发展有着积极的作用。

（四）加强专业人才的培养

加强专业人才的培养，也是促进金融经济创新发展的策略之一。在金融经济创新发展过程中，无论是金融技术的应用，还是金融机构的建立，都需要有专业的人才加入，才能保证金融经济的快速发展。所以要想促进金融经济的创新发展，一定要加强专业人才的培养工作。

（五）关注信息化技术的安全

金融经济是建立在信息化技术基础之上的经济模式，所以在金融经济发展过程中，一定要关注信息化技术的安全。只有不断提高信息化技术的安全程度，才能保证金融经济的高效运行，才能保证金融市场安全，这对于金融经济的创新和发展有着重要的作用。

（六）加强对金融市场的指导和监管

我国目前的经济政策是以依靠市场的调节为主，面对种情况，对金融市场的调节就显得尤为重要。首先，我国金融市场要维持一定的秩序，不能在改革的过程中影响金融市场的整体发展；其次，在加强对金融市场的指导和监管时需要制定一个比较完备的计划，不论是从政策的角度看还是从发展的积极性上看都需要有一定的条理，符合市场发展的需求；最后，国家需要对目前市场上落后的、冗杂的操作项目进行改进，及时地制止不合理的现象，建立一个强有力的市场监督、指导体系。

第三节　互联网技术推动金融经济创新

互联网时代，信息技术、网络技术、智能技术、大数据和云计算技术的持续进步，推动了金融、商贸等服务行业与信息化的融合，不仅带动了第三方支付、众筹融资等新型互联网金融服务模式与平台组织不断涌现，而且还对用户生活方式、支付习惯以及管理技术和行业生态环境等产生了重大影响，进而推动传统金融形态、业态的改变与创新。谢平和邹传伟认为，金融和互联网的数字属性使两者具有结合的天然基因，可以基于社会网络、搜索引擎和云计算三者之间的动态协作，提高金融运行效率。

一、新业态：互联网金融与产业融合

信息化浪潮下，互联网与金融之间的产业融合呈现两大发展趋势。一方面金融"触电"，形成电子银行、手机银行与网上金融超市等金融互联网业态；另一方面电商"淘金"，互联网企业特别是电商进军第三方支付平台，涉足金融产品交易与平台金融等互联网金融业态。其实，无论是金融互联网还是互联网金融，都是互联网企业和金融企业之间的跨界合作与业态创新，实质是依托互联网技术及金融企业自身的运营模式，丰富与拓展金融服务内涵，两者异曲同工、殊途同归。

实际上，中国网上银行的发展已有十余年，随着手机银行的兴起，金融互联网已经成为商业银行最大的交易渠道，现阶段以手机银行和网上金融超市为代表的新型金融互联网业态，符合传统金融服务升级的演进方向。目前，对传统金融机构影响和冲击比较大的当属互联网金融，即原本一些与金融业相对独立的产业开始逐步向传统金融机构未覆盖的领域渗透，从而引发对什么是互联网金融以及互联网金融对传统金融冲击与影响的反思。

互联网金融是一种新金融业态，其特点是依托互联网技术，特别是移动支付、社交网络、搜索引擎和云计算等，是继以商业银行等金融中介为代表的间接融资、以证券市场为代表的直接融资之后，出现的第三种融资途径，它改造了金融业务的服务内容与业务流程，打破了金融服务的地域限制，是实现资金融通、支付、结算等金融相关服务的新兴金融业态。从产业融合的视角看，互联网金融是金融业与信息产业特别是电子商务

之间互动与融合的产物,金融企业借力互联网平台,可以扩大客户规模、精准客户匹配、优化资源配置、提升风控能力、降低运营成本;同时,互联网企业通过与金融企业的合作,可以大幅提升跨领域经营的能力和机会。

二、新领域:互联网金融与长尾效应

互联网金融关注"长尾市场"的需求信息。传统市场理论把注意力集中于大企业和主要需求者。然而,随着互联网和数字技术的发展,一些原本受到地域限制而被忽视的中小用户的需求信息被汇集起来,形成服务经济时代利润的重要来源,这就是"长尾理论"所要表达的深刻含义。长尾规模足以同主要市场规模相比,在这种情况下,企业就需要特别关注中小用户的需求,包括"最后一公里"对提升服务品质的关键作用。"长尾效应"是服务经济有别于制造经济最显著的特征所在,互联网金融正是由隐藏在"长尾"中的一系列潜在的支付需求、投资需求和融资需求催生的。

互联网金融把私人信息公开化、分散信息集中化。互联网金融有着与直接金融和间接金融截然不同的信息处理方式,它既不像专业的信用评估公司或投资银行的研究小组那样区分贷款者资质,又不同于银保监会等相关职能部门定期披露企业的信用信息,而是基于社会网络、搜索引擎和云计算三者之间的动态协作:社会网络负责产生和传播信息,搜索引擎对信息进行建构、排序并建立索引以缓解信息冗余问题,云计算为处理海量信息提供解决方案。互联网金融的信息处理方式是,通过交易价格产生连续时间的动态违约概率序列,揭示金融产品的风险定价,从而把对贷款者进行风险评估的成本降至最低。这种信息处理方式与信用违约互换的市场机制十分相似。

长尾理论和互联网金融独有的信息处理方式,彰显出互联网金融的现实意义在于:一是强大的信息处理能力可以降低交易信息的不对称程度,节省交易成本,提高交易效率;二是互联网技术取代了专业化的金融知识,降低了金融参与门槛,为全社会增添了一种更加民主化的资金融通渠道,而不是少数专业精英控制的金融垄断,从而有助于发挥金融发展的普惠效应;三是与传统金融部门形成业务竞争关系,冲击和倒逼传统金融部门改善服务质量、创新金融产品、优化资源配置,使虚拟经济更合乎实体经济发展的需要。此外,互联网金融还可被用来解决中小企业融资难的问题,在一定程度上促进了民间金融的阳光化与规范化。

三、新机制：互联网金融与资源配置

互联网金融的信息处理方式决定了其资源配置的特点：储蓄者和融资者通过互联网直接发布并匹配资金供需信息，达成市场交易，而不需要经过银行、券商或交易所等金融中介，降低了交易成本和信息不对称程度。在这种资源配置方式下，交易双方依托网络实施信息更加充分透明的竞价行为（比如拍卖），因此是富有效率且机会公平的。但是在互联网金融发展初期，社会网络在公开和传播信息的过程中对信息的甄别与监督能力有限，同时风险管理与行业监管手段又相对滞后于实际发展需要，因而尽管互联网有助于降低交易成本和信息不对称程度，但当融资规模较大且存在难以消除的市场风险与信用风险时，银行等传统金融中介在这方面仍具有不可替代的信息处理优势与信用担保功能，可以通过再保险等手段转嫁风险。利用微观数据得到的研究结果也进一步证实了，在正规金融不可及的情况下，互联网金融可显著促进家庭信贷需求，并降低家庭信贷约束的概率。所以从这个意义上讲，互联网金融在相当长的一段发展时期内，将成为传统金融的一种补充形式。推广互联网金融，有助于提升金融服务的可及性。

从本质上讲，信息技术和金融的本源都是数据，两者具有天然结合的基础。互联网和智能手机的普及致使无网点银行服务的兴起，在一定程度上推动了信息技术与金融的深度结合。一些实证研究关注到手机银行等信息产业的基础设施终端在互联网金融发展中的重要性，网络覆盖率、手机渗透率等重要指标不断提升，为互联网金融服务创新开辟了广阔的市场空间。所以互联网金融的资源配置方式，是在信息化背景下利用信息技术改变金融排斥，进而优化资源配置和促进经济增长的具体表现。

同时，借助大数据等现代信息处理手段，互联网金融的演进也在构筑不同于传统金融自上而下的信用体系，即不再沿袭以往从国家到银行再到国有企业的信用链，而是形成一种新的自下而上的信用评级与违约风险评估机制。这套评估机制由于是从浩瀚且分散的市场中采集而得的，因而更有助于发挥市场在资源配置中的决定性作用。为此，互联网金融不仅仅是一种新的金融业态，更是一种新的市场机制，具有效率导向和自我完善与纠偏的功能，因而从多层次资本市场的构成要素看，互联网金融也是国际金融中心不可或缺的重要组成部分。

参 考 文 献

[1] 曾嘉. 金融创新与国际贸易经济发展[M]. 长春：吉林出版集团股份有限公司，2020.

[2] 陈德智，毕雅丽，云娇. 金融经济与财务管理[M]. 长春：吉林人民出版社，2020.

[3] 雷洪，梁衍开，付华英. 微观经济学[M]. 广州：中山大学出版社，2019.

[4] 裴辉儒. 数字金融学[M]. 西安：陕西师范大学出版总社有限公司，2021.

[5] 李曦寰. 超越颠覆[M]. 北京：中国金融出版社，2020.

[6] 孙启明. 经济转型与大国博弈[M]. 北京：北京邮电大学出版社，2019.

[7] 何燕子，高国辉. 科技创新与产业转型[M]. 长春：东北师范大学出版社，2017.

[8] 王宇，李宏瑾. 经济转型中的利率市场化改革[M]. 北京：商务印书馆，2019.

[9] 韩汉君. 金融创新与金融中心建设[M]. 上海：上海交通大学出版社，2021.

[10] 京东数字科技研究院. 数字金融[M]. 北京：中信出版集团股份有限公司，2019.

[11] 郭萌. 数字经济[M]. 哈尔滨：哈尔滨出版社，2021.

[12] 沈燕. 数字普惠金融[M]. 北京：经济管理出版社，2022.

[13] 唐晓乐，刘欢，詹璐遥. 数字经济与创新管理实务研究[M]. 长春：吉林人民出版社，2021.

[14] 吴敏珏. 数字经济时代金融科技理论与发展[M]. 长春：吉林出版集团股份有限公司，2021.

[15] 徐璋勇，强以晨. 数字金融发展的经济效应研究[M]. 北京：社会科学文献出版社，2022.

[16] 张雪芳. 数字金融驱动经济高质量发展路径研究[M]. 长春：吉林大学出版社，2021.

[17] 张勋，万广华，郭峰. 数字金融[M]. 北京：社会科学文献出版社，2021.

[18] 张云. 数据智能金融人才培养与教学研究[M]. 北京：中国财政经济出版社，2021.